jak żyć z cukrzycą

medica

jak żyć z cukrzycą

Joanna Kapusta
Piotr Kapusta

medica

SPIS TREŚCI

Bibliografia

1. Interna Szczeklika. Kompendium medycyny praktycznej 2014/2015, red. Piotr Gajewski, Medycyna Praktyczna Wydawnictwo, 2015
2. Dietrich Koch-Heintzeler, Widmar Puhl, Cukrzyca pytania i odpowiedzi, Wydawnictwo ASTRUM, Wrocław 2005
3. Healthy living with diabetes, Australian Diabetes Council, (Murdoch Books Test Kitchen), Murdoch Australia, 2012
4. Cukrzyca, porady lekarza rodzinnego, opracowanie zbiorowe, wydawnictwo Literat, 2015
5. Lubert Stryer, Biochemia (przekł zbiorowy, red. Jacek Augustyniak, Jan Michejda, tł. Halina Augustyniak i in.), Wydawnictwo Naukowe PWN, Warszawa 1997

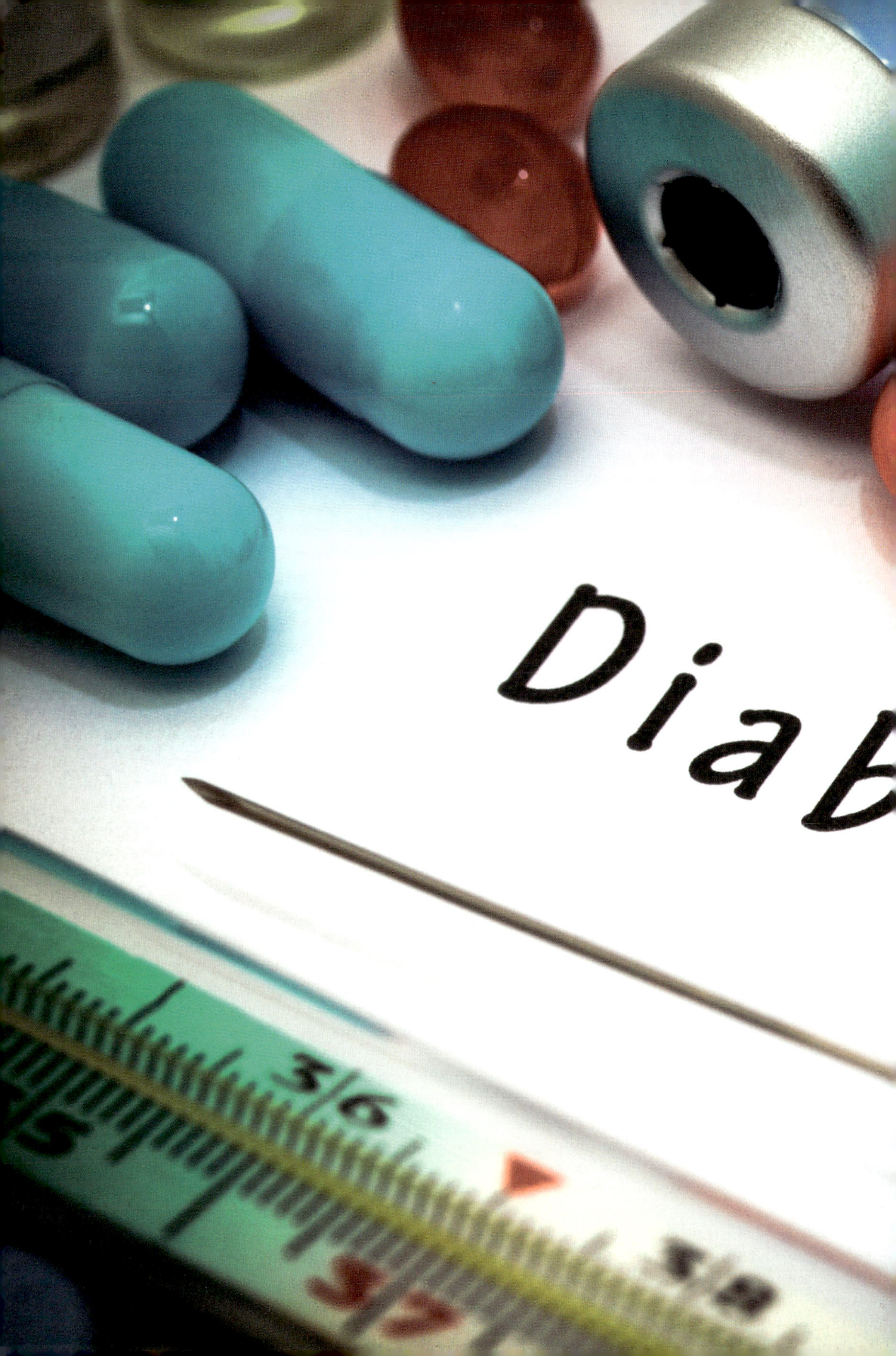
Diab
36
37
38

CUKRZYCA, CZYLI CO?

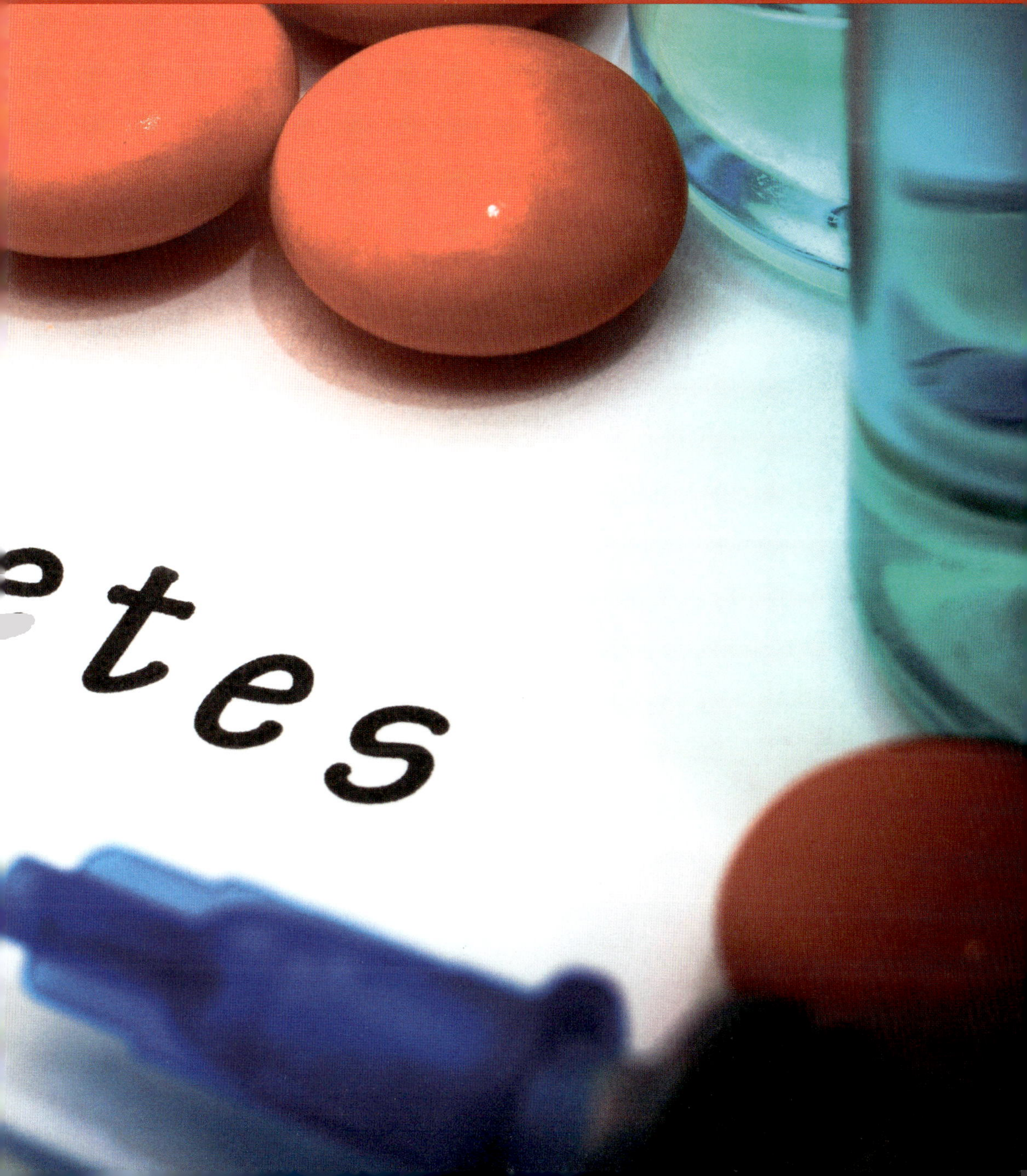

Cukrzyca to grupa chorób metabolicznych charakteryzujących się hiperglikemią, czyli podwyższonym poziomem cukru we krwi, będącą wynikiem defektu wydzielania lub działania insuliny.

Tak brzmi naukowa, podawana przez Światową Organizację Zdrowia (WHO), definicja choroby, która tak naprawdę niewiele mówi o jej przyczynach, przebiegu i skutkach jej nieleczenia.

Cukrzyca, należąca obecnie do najczęściej występujących chorób, powszechnie określana jest jako **choroba cywilizacyjna XXI wieku**. Szacuje się, że choruje na nią ponad 366 mln ludzi na świecie, a około 3,1 mln ludzi w Polsce. Można więc powiedzieć, że co dziesiąty Polak usłyszał diagnozę „chory na cukrzycę", a większość z nas ma w swoim otoczeniu osoby, które borykają się z tym problemem. Bardzo ważna jest również świadomość, że każdy z nas przy nieodpowiednim żywieniu i trybie życia narażony jest na zachorowanie na tę chorobę. Co więcej, przypuszcza się, że około 30% chorych nie jest tego świadomych. To bardzo niebezpieczna

sytuacja, ponieważ przewlekła hiperglikemia powoduje uszkodzenia i zaburzenia czynności (łącznie z niewydolnością) wielu narządów, szczególnie oczu, nerek, naczyń krwionośnych i serca czy układu nerwowego. W sposób bezpośredni czy pośredni może więc być przyczyną inwalidztwa oraz przedwczesnej śmierci.

Pełna świadomość choroby, jej przyczyn, objawów oraz sposobów leczenia i kontroli, a przede wszystkim wczesna diagnoza, sprawiają, że można z tą chorobą żyć, realizując większość swoich planów i marzeń. Świadczy o tym spora liczba osób chorych na cukrzycę wśród sportowców, artystów, naukowców czy polityków, by wymienić tutaj tylko kilka przykładów: aktorzy Tom Hanks, Halle Berry, Sharon Stone, wokalistka jazzowa Ella Fitzgerald, piosenkarka Aretha Franklin, piosenkarz i gitarzysta zespołu Pink Floyd Syd Barrett malarz Paul Cézanne, kompozytor muzyki operowej Giacomo Puccini, koszykarz Chris Dudley czy twórca „Gwiezdnych wojen" George Lucas.

TROCHĘ HISTORII

Cukrzyca, uznawana za współczesną chorobę cywilizacyjną, nie jest bynajmniej chorobą „młodą" - wzmianki o niej występowały już ponad 1500 lat p.n.e. w starożytnym Egipcie. Niektórzy twierdzą nawet, że pierwsza informacja o niej pojawiła się już 3000 lat p.n.e. w chińskiej medycynie, gdzie opisywano ją jako „chorobę pragnienia". W zachowanych źródłach można przeczytać o tajemniczej przypadłości, której towarzyszy bardzo częste oddawanie moczu, niemożliwe do zaspokojenia pragnienie, wyniszczenie organizmu prowadzące do szybkiej (parę miesięcy) śmierci. I takim śmiertelnym schorzeniem pozostawała właściwie do XIX wieku.

Nazwa choroby wynika z jej głównych objawów.

Łacińskie słowo *diabetes* pochodzi z języka greckiego i znaczy „przelewanie", „przechodzenie przez"- odnosi się to do nadmiernej produkcji moczu. Po raz pierwszy określenie to pojawiło się w tekstach praktykującego greckiego lekarza Areteusza z Kapadocji mniej więcej na przełomie I i II wieku n.e. Drugi człon *melitu,* czyli „miód", pojawił się znacznie później, bo dopiero w XVIII wieku, i odwoływał się słodkiego smaku moczu. Już wcześniej zauważono, że mocz osób chorych na tę dziwną chorobę przyciąga mrówki, ale dopiero w 1674 roku Thomas Willi skojarzył ten objaw z *diabetes*, uznając słodki smak moczu za trzeci objaw cukrzycy, obok pragnienia i wielomoczu. Znacznie wcześniej bo już około 500 roku zaczęto wyróżniać dwa rodzaje cukrzycy: typu 1 i typu 2, kojarząc je odpowiednio z młodością (typ 1) i otyłością, objawiającą się często w starszym wieku (typ 2). Właściwie od początku odkrycia objawów cukrzycy, przyczyn szukano w chorobach nerek, żołądka i wątroby. Przełom nastąpił wraz z odkryciem przez studenta medycyny, Paula

Langerhansa, struktury wewnętrznej trzustki. Wykrył on obecność skupisk komórek (później nazwanych wysepkami Langerhansa), których funkcji nie był w stanie określić. Pewnych wskazówek udzieliły badania osób zmarłych na cukrzycę, u których stwierdzono brak, duży ubytek lub uszkodzenie degeneracyjne tychże właśnie komórek.

ODKRYCIE INSULINY

W odkryciu powiązania między trzustką a cukrzycą oraz w procesie odkrycia roli insuliny ogromną przysługę oddały nam psy. To one służyły jako model badawczy, na którym przeprowadzono szereg eksperymentów, w których usuwano trzustkę, podwiązywano przewody trzustkowe czy uszkadzano część wydzielniczą tego narządu. W 1889 roku uczony o polskich korzeniach prof. Oskar Minkowski oraz lekarz Józef von Mering, pracując razem na Uniwersytecie w Strasburgu, stwierdzili, że wycięcie trzustki u psa wywołuje cukrzycę, a podskórne wstrzyknięcie wyciągu z trzustki ma działanie lecznicze. 30 lat później, w 1920 roku dwóch Kanadyjczyków: lekarz Frederick Banting i „przydzielony" mu student Charles Best odkryli insulinę. Umożliwili im to prof. John MacLeod, udostępniając laboratorium do badań, oraz chemik James Collie, który zajął się oczyszczaniem ekstraktu trzustkowego. Do historii odkrycia insuliny przeszła suczka Marjorie, która po usunięciu trzustki jako pierwsza przeżyła ponad 70 dni leczona tym ekstraktem. Wyizolowaną substancję nazwano **insuliną**. Odkrycie było tak doniosłe, że przyznano za nie Nagrodę Nobla w dziedzinie fizjologia lub medycyna. Otrzymali ją MacLeod i Banting, którzy, doceniając zasługi swoich kolegów, a decyzję Komitetu Noblowskiego uznając za krzywdzącą, podzielili się nagrodą ze współbadaczami. Ciekawostką jest, że kilka miesięcy wcześniej wyniki badań nad ekstraktem z trzustki opublikował rumuński prof. Nicolae Paulescu. On także wykazał obniżenie poziomu stężenia cukru we krwi psów pozbawionych trzustki. Historycznie był więc pierwszym odkrywcą insuliny, tyle tylko, że jego praca opublikowana w języku francuskim nie została doceniona.

Pierwszym chorym pacjentem, któremu podawano insulinę, był 14-letni chłopiec z Kanady – Leonard Thompson. Do tego dnia jedyną formą leczenia cukrzycy była skrajnie wyczerpująca dieta bezwęglowodanowa. Leonard chorował dwa lata i w ciężkim stanie trafił do szpitala. W styczniu 1922 roku podano mu w zastrzyku insulinę, co przyniosło natychmiastową poprawę, ale wywołało także silną reakcję alergiczną, spowodowaną prawdopodobnie silnym zanieczyszczeniem insuliny. Kolejne iniekcje zawierały już lepiej oczyszczoną insulinę i pozwoliły przeżyć chłopcu kolejne 15 lat. Zmarł w wieku 27 lat na zapalenie płuc (niektóre źródła podają, że zginął w wypadku samochodowym).

Masową produkcję insuliny rozpoczęła amerykańska firma farmaceutyczna Eli Lilly and Company we współpracy z ośrodkiem w Toronto. W początkowym okresie borykano się z wieloma problemami. Insulina działała krótko, miała niskie stężenie, nie zawsze wykazywała odpowiednią skuteczność terapeutyczną. Ponadto iniekcje były bolesne, a w miejscach kłucia powstawały ropnie. Jednak był już lek ratujący i przedłużający życie chorych na cukrzycę i to było najważniejsze.

Początkowo podawano insulinę pozyskiwaną z trzustek zwierzęcych (głównie wołowe i wieprzowe). W latach 80. XX wieku zastosowano metody inżynierii genetycznej i wyprodukowano insulinę o budowie identycznej jak ludzka. Uzyskano także analogi krótko- i długodziałające.

Warto jeszcze przypomnieć, że insulina była pierwszym białkiem, którego struktura została w pełni poznana, a odkrywcy, angielskiemu biochemikowi Frederickowi Sangerowi, przyznano Nagrodę Nobla.

Dwie Nagrody Nobla przyznane za badania związane z cukrzycą i insuliną świadczą o tym, jak ważne dla człowieka były to odkrycia. Dzięki nim groźnie brzmiąca diagnoza „cukrzyca", choć w pierwszej chwili „wywraca wszystko do góry nogami", to przy odpowiednim postępowaniu umożliwia prowadzenie normalnego trybu życia.

Frederick Banting i Charles Best – odkrywcy insuliny

ZROZUMIEĆ CUKRZYCĘ

Cukrzyca nie musi oznaczać rezygnacji z normalnego funkcjonowania, zmusza jednak do świadomego poznania tej choroby oraz zmiany trybu życia, tak by kontrolować i regulować to, co najważniejsze, czyli poziom glukozy we krwi.

Ogólnie można powiedzieć, że cukrzyca polega na gromadzeniu się glukozy we krwi przy zaburzonym jej magazynowaniu lub wykorzystaniu jako źródła energii. Aby zrozumieć etiopatologię cukrzycy, musimy przynajmniej w niewielkim stopniu zapoznać się z procesami związanymi z gospodarką węglowodanową. Główną rolę odgrywa tutaj trzustka. Jest to narząd gruczołowy położony w górnej części jamy brzusznej, na jej tylnej ścianie, poniżej żołądka. Składa się z pęcherzyków wydzielniczych i przewodów wyprowadzających. Jest obficie unaczyniona i unerwiona. W obrębie tkanki trzustkowej można wyróżnić skupiska komórek nabłonkowych, dokrewnych, tworzących tzw. wysepki trzustkowe (Langerhansa). Wyróżnia się cztery rodzaje komórek:

- komórki α (A) – wydzielające glukagon (podnosi stężenie glukozy we krwi),

INSULINA

Insulina jest hormonem, który reguluje transport oraz zwiększa zużycie i magazynowanie cukru. Głównymi tkankami docelowymi dla działania tego hormonu są wątroba, tkanka mięśniowa oraz tkanka tłuszczowa. Insulina wydzielana jest na niskim poziomie w sposób ciągły, nawet przy braku bodźców pobudzających. To wydzielanie wykazuje pewien rytm dobowy ze szczytem w godzinach porannych i spadkiem w godzinach wieczornych. Po posiłkach wydzielanie hormonu wzrasta i osiąga maksymalny poziom po 30–45 minutach. Gdy stężenie glukozy wzrasta nagle i przekracza normę dwu- lub trzykrotnie, dochodzi do gwałtownego wyrzutu insuliny z komórek β. Może on być nawet dziesięciokrotny w stosunku do wartości podstawowej i jest proporcjonalny do stężenia glukozy. Co ciekawe, w zdrowym organizmie uwalnianie insuliny pobudzone zostaje już przez cukry obecne w świetle jelita, zanim zostaną wchłonięte i wzrośnie stężenie we krwi. Odbywa się to dzięki obecności w naszym przewodzie pokarmowym hormonów jelitowych (inkretyn) oraz istnieniu pobudzenia neuronalnego, tzw. osi jelitowo-trzustkowej.

U zdrowego człowieka stężenie insuliny we krwi wynosi na czczo 8–15 j.m./l, a po posiłku wzrasta 3- do 8-krotnie. Dzienne zapotrzebowanie wynosi około 50 j.m. – stanowi to zaledwie 20% całkowitej ilości tego hormonu zmagazynowanego w komórkach β.

Cukrzyca pojawia się zarówno wtedy, gdy trzustka nie wydziela wystarczającej ilości insuliny, jak i wtedy gdy organizm przestaje reagować na ten hormon.

- komórki β (B) – wydzielające insulinę (obniża stężenie glukozy we krwi),
- komórki PP – wydzielające polipeptyd trzustkowy,
- komórki δ (D) – wydzielające somatostatynę.

Z punktu widzenia cukrzycy istotne są tutaj komórki β produkujące insulinę, gdyż to właśnie zaburzenia w produkcji, wydzielaniu czy działaniu insuliny są przyczyną cukrzycy.

RODZAJE CUKRZYCY

Ze względu na przyczyny wyróżniamy cztery rodzaje cukrzycy:

- cukrzyca typu 1 (insulinozależna),
- cukrzyca typu 2 (insulinoniezależna),
- cukrzyca ciążowa,
- cukrzyca o znanej etiologii.

CUKRZYCA TYPU 1

Jest zwana także cukrzycą wieku młodzieńczego. Dotyczy najczęściej (ale nie tylko) dzieci, młodzieży i osób do 30 roku życia, a początek choroby następuje zazwyczaj między 12 a 15 rokiem życia. Szacuje się, że spośród wszystkich chorych na cukrzycę, typ 1 diagnozuje się u 5–10%. Jest to choroba autoimmunologiczna, w której komórki β trzustki ulegają zniszczeniu przez autoprzeciwciała przeciwko antygenom wysepek Langerhansa, przez co organizm nie jest w stanie produkować wystarczającej ilości insuliny. Autoprzeciwciała są to przeciwciała produkowane przez system odpornościowy organizmu przeciwko własnym komórkom, powodując ich niszczenie. Przyczyna powstawania tych przeciwciał nie jest do końca poznana, natomiast zapoczątkowanie tego procesu wywoływane jest często przez infekcje wirusowe. Przypuszcza się, że wirusy zmieniają antygeny komórek organizmu, sprawiając, że są one identyfikowane jako obce. Podobną rolę mogą odgrywać substancje toksyczne czy silny stres. Autoprzeciwciała pojawiają się nawet kilka lat przed wystąpieniem jawnych objawów choroby. Te pojawiają się, gdy zniszczeniu ulegnie 80–90% komórek β. Jedynym możliwym leczeniem jest podawanie insuliny oraz odpowiednia dieta. Cukrzyca typu 1 nieleczona prowadzi do śmierci.

Obecnie diagnozuje się cukrzycę typu 1 LADA (latent autoimmune diabetes of adulthood). Objawia się ona u osób starszych, najczęściej między 40. a 50. rokiem życia i w przeciwieństwie do cukrzycy młodzieńczej typu 1 rozwija się znacznie wolniej.

CUKRZYCA TYPU 2

Bywa nazywana cukrzycą dorosłych. Dotyczy zazwyczaj osób dorosłych i starszych i jest najczęściej występującym typem. Szacuje się, że wśród chorych na cukrzycę ta grupa stanowi 80–85%. Przyczyną cukrzycy typu 2 jest nieprawidłowe działanie insuliny w organizmie, związane najczęściej ze zmniejszoną wrażliwością tkanek na ten hormon lub niewystarczającą jego produkcją. Bardzo często towarzyszą jej otyłość oraz nadciśnienie tętnicze, a początkowe leczenie polega na stosowaniu odpowiedniej diety, prawidłowo dobranych ćwiczeń fizycznych oraz doustnych leków przeciwcukrzycowych. Niestety, większość chorych na ten typ cukrzycy wymaga po pewnym czasie leczenia insuliną, ale przestrzeganie zaleceń lekarza i dietetyka może znacznie opóźnić ten moment, a nawet do niego nie doprowadzić. Już samo zmniejszenie masy ciała u osób z nadwagą czy otyłych znacznie **wyrównuje** gospodarkę węglowodanową. Dużo zależy od samozaparcia i dyscypliny chorego.

Wyróżnia się także cukrzycę typu 2 - MODY (Maturity Onset Diabetes of the Young), która występuje u ludzi młodszych, poniżej 35 roku życia. Jest to postać cukrzycy uwarunkowana genetycznie, związana z mutacjami genów na chromosomach autosomalnych, których ekspresja (odczytanie i przepisanie informacji genetycznej na produkty, którymi są głównie białka) ma miejsce w komórkach β - trzustki. Ze względu na rodzaj mutacji opisano 11 typów choroby. Jest to choroba dziedziczna z prawdopodobieństwem ujawnienia się 50%, jeżeli występuje u jednego z rodziców.

CUKRZYCA CIĄŻOWA

(zob. str. 69)

Występuje u kobiet w ciąży do momentu urodzenia dziecka. Zaburzenia gospodarki węglowodanowej w okresie ciąży wywołane są najczęściej zmianami stężenia hormonów we krwi. W okresie ciąży wzrasta poziom hormonów, które mają działanie antagonistyczne (przeciwstawne) w stosunku do insuliny (estrogeny, progesteron, laktogen łożyskowy, prolaktyna), co powoduje insulinooporność, wzrost zapotrzebowania na insulinę oraz zwiększenie dostępności glukozy dla rozwijającego się płodu. Pojawienie się cukrzycy ciążowej podnosi ryzyko wystąpienia tej choroby w przyszłości u kobiet. **Leczenie w okresie ciąży powinno być prowadzone pod ścisłą kontrolą ginekologiczno-diabetologiczną.**

CUKRZYCA O ZNANEJ ETIOLOGII

Bywa także nazywana cukrzycą wtórną. Jest wynikiem innych zaburzeń czy stanów chorobowych lub przyjmowania leków. Do chorób tych należą m.in. endokrynopatie (np. zespół Cushinga, akromegalia, nadczynność tarczycy, guz nadnerczy), choroby zewnątrzwydzielniczej części trzustki, zespoły genetyczne (np. zespół Klinefeltera, Turnera, Downa). Na tę odmianę cukrzycy cierpi około 2% wszystkich chorych, bez względu na wiek, jako że nie jest to związane z tym czynnikiem.

ROZPOZNAWANIE CUKRZYCY

Cukrzyca jako choroba ma ścisły związek ze stężeniem glukozy we krwi, czyli glikemią. **Glikemia wyraża się w mmol/l (liczba milimoli na litr) lub mg/dl (liczba miligramów oznaczona w 100 cm^3 inaczej miligramoprocenty).** U ludzi zdrowych przeciętny poziom glukozy w osoczu krwi żylnej utrzymuje się w granicach między 4,0–5,5 mmol/l (72–99 mg/dl). Podczas głodzenia glikemia może obniżyć się do wartości 3,5 mmol/l, a po obfitym, bogatym w węglowodany posiłku wzrosnąć do wartości 7,0 mmol/l.

Ze stężeniem glukozy wiążą się dwa pojęcia: hipoglikemia oraz hiperglikemia.

HIPOGLIKEMIA

(zob. s. 53)

Hipoglikemia, czyli niedocukrzenie, to zbyt niskie stężenie glukozy we krwi – poniżej 3,0 mmol/l (55 mg/dl).

HIPERGLIKEMIA

Hiperglikemia to zbyt wysokie stężenie glukozy we krwi. W zależności od diagnostyki stanu hiperglikemicznego (z pominięciem hiperglikemii stresowej związanej z ostrym stanem chorobowym) wyróżniamy dwie sytuacje:

1. stan przedcukrzycowy
2. cukrzyca.

Stan przedcukrzycowy

Stan przedcukrzycowy lub stan zwiększonego ryzyka wystąpienia cukrzycy jest definiowany wtedy, gdy stwierdzamy:

- nieprawidłowe stężenie glukozy we krwi na czczo (z ang. Impaired Fasting Glucose - IFG), czyli 8-14 godz. od ostatniego posiłku, mieszczące się w granicach 5,6-6,9 mmol/l (100-125 mg/dl).
- nieprawidłową tolerancję glukozy (z ang. Impaired Glucose Tolerance - IGT), czyli podwyższone stężenie glukozy we krwi w 120 minucie od obciążenia w doustnym teście tolerancji glukozy (OGTT - z ang. Oral Glucose Tolerance Test) mieszczące się w przedziale 7,8-11,0 mmol/l (140-199 mg/dl).
- OGTT - doustny test tolerancji glukozy jest to badanie, które polega na podaniu pacjentowi glukozy i monitorowaniu reakcji organizmu na nią. Badanie to wykonuje się rano, po odpoczynku i na czczo. Najpierw pobierana jest krew celem pomiaru stężenia glukozy, potem podawany jest do wypicia w ciągu maksymalnie 5 minut roztwór 75 g glukozy. Następnie pozostaje się w spoczynku, najlepiej w pozycji siedzącej, a po upływie 2 godzin ponownie pobierana jest krew celem pomiaru stężenia glukozy (pomiar 2-punktowy). Można także wykonać pomiary stężenia glukozy częściej i wykreślić tzw. krzywą cukrową, np. pomiar 4-punktowy (przed wypiciem, po 1 godz., 2 godz. i 3 godz.) czy pomiar 6-punktowy (przed wypiciem, po 1 godz., 1,5 godz., 2 godz., 2,5 i 3 godz.).

Przygotowując się do takiego badania, należy pamiętać, aby przez 3 dni poprzedzające badanie prowadzić normalny tryb życia, tzn. jeść typowe potrawy oraz nie zwiększać ani nie zmniejszać wysiłku fizycznego. Istnieje czasem taka podświadoma tendencja, aby przed wszelkiego typu badaniami poziomu cukru ograniczyć jego spożycie. Niestety, nie jest to prawidłowe podejście, gdyż może zafałszować wynik badań. My jesteśmy spokojni, a choroba się rozwija... Bardzo ważne w tym badaniu jest także to, czy nie przyjmujemy leków o działaniu hiperglikemizującym. Jeżeli tak, należy o tym powiadomić lekarza. Do takich leków należą np. kortykosterydy, tiazydy (np. przy nadciśnieniu tętniczym, niewydolności serca) czy β-blokery (np. ból głowy, nadczynność tarczycy).

Cukrzyca

Cukrzyca rozpoznawana jest w trzech sytuacjach:

- jeżeli przygodna glikemia, czyli stężenie glukozy o dowolnej porze dnia, niezależnie od czasu spożycia ostatniego posiłku, jest wyższa niż 11,1 mmol/l (200 mg/dl) oraz występują objawy typowe dla cukrzycy, czyli wzmożone pragnienie, osłabienie, wielomocz.
- jeżeli dwa niezależne pomiary stężenia glukozy na czczo wykonane w różnych dniach dają wartość wyższą niż 7,0 mmol/l (126 mg/dl).
- jeżeli stężenie glukozy w 2 godz. po teście tolerancji glukozy (OGTT) jest wyższe niż 11,1 mmol/l (200mg/dl).

OBJAWY CUKRZYCY

Cukrzyca jest chorobą, która nie zawsze daje jasne i oczywiste objawy. Są one często nieswoiste, zróżnicowane i zależą od typu cukrzycy. Znacznie częściej występują w cukrzycy typu 1, w której są bardziej typowe. W cukrzycy typu 2 objawy pojawiają się powoli i bardzo dyskretnie. Jej początkowy przebieg ma często charakter utajony i do rozpoznania dochodzi po upływie nawet kilku lat, kiedy choroba poczyniła już pewne szkody. Dlatego tak ważna jest czujność na wszystkie niepokojące objawy oraz wykonywanie badań przesiewowych.

Objawy cukrzycy typu 1

- wielomocz (poliuria) - zwiększone oddawanie moczu,
- zwiększone pragnienie (polidypsia),
- cechy odwodnienia (zmniejszenie elastyczności skóry, suchość skóry i błon śluzowych),
- stałe uczucie senności i zmęczenia,
- wzmożone łaknienie, któremu może towarzyszyć utrata masy ciała,
- zmniejszenie odporności,
- skłonność do zakażeń skóry i układu moczowo-płciowego,
- ketoza i śpiączka ketonowa (często pierwszy widoczny objaw cukrzycy typu 1, zob. s. 52),
- zaburzenia ostrości widzenia.

W cukrzycy typu 1 objawy kliniczne pojawiają się gwałtownie w ciągu kilku dni. U niemowląt i małych dzieci mogą wystąpić nawet w ciągu doby. U dzieci starszych objawy pojawiają się w ciągu kilku dni czy tygodni, rzadziej w ciągu 2-3 lat z okresami bezobjawowymi. W oparciu o badania kliniczne można stwierdzić dwa szczyty zapadalności na ten typ cukrzycy u dzieci i młodzieży: 10–12 rok życia i 16–19 rok życia.

Objawy cukrzycy typu 2

- większe pragnienie i zwiększone oddawanie moczu,
- sucha skóra, skłonność do skórnych zmian ropnych,
- zaburzenia w gojeniu się ran, łatwe powstawanie siniaków,
- zmęczenie, senność, drażliwość, apatia,
- impotencja u mężczyzn, przewlekłe zapalenia pochwy u kobiet,
- zaburzenia ukrwienia stóp (mrowienie i oziębienie), zaburzenia widzenia.

Objawy są znacznie rzadsze i pojawiają się z opóźnieniem! Ponad połowa przypadków choroby przebiega bezobjawowo lub przy bardzo słabo zauważalnych objawach, a do rozpoznania dochodzi przypadkowo lub podczas rutynowych badań przesiewowych.

BADANIA PRZESIEWOWE I GRUPY RYZYKA

Zgodnie z zaleceniami Polskiego Towarzystwa Diabetologicznego badania kontrolne (przesiewowe) należy przeprowadzać:

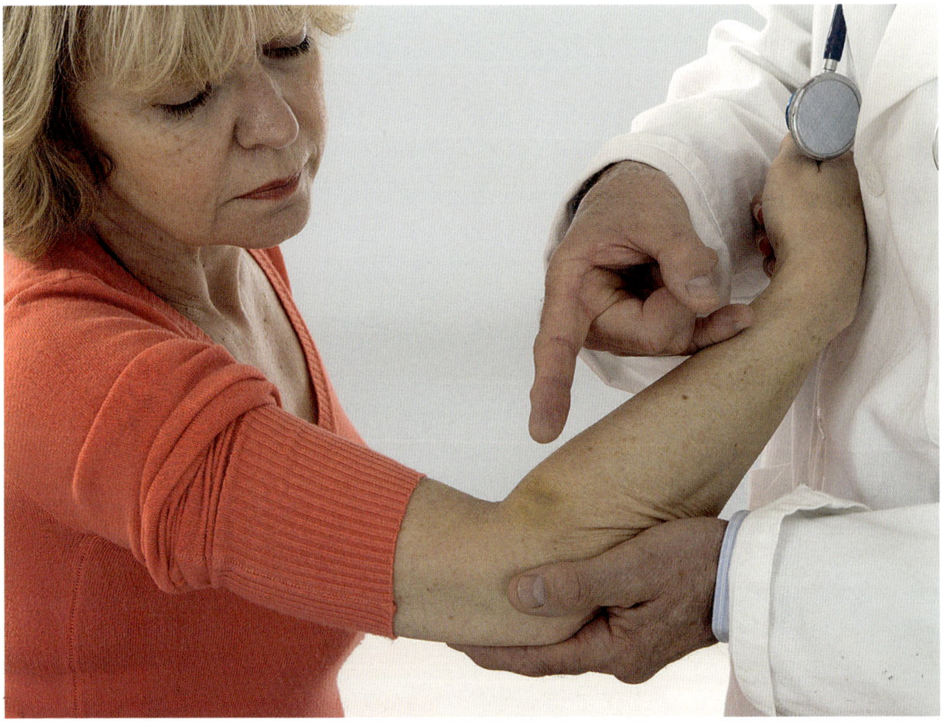

- co 3 lata u wszystkich osób powyżej 45 roku życia,

- co 1 rok u osób z grup podwyższonego ryzyka, niezależnie od wieku.

Czynniki ryzyka to:

- nadwaga i otyłość - BMI (wskaźnik masy ciała) ≥ 25 kg/m² lub obwód w talii > 80 cm u kobiet i > 90 cm u mężczyzn (patrz niżej),
- cukrzyca występująca w rodzinie (rodzice i/lub rodzeństwo),
- niska aktywność fizyczna,
- przebyta cukrzyca ciążowa oraz urodzenie dziecka o masie ciała > 4 kg,
- zaburzenie gospodarki węglowodanowej podczas poprzedniego badania,
- nadciśnienie tętnicze (≥ 140/90 mm Hg),
- wysokie stężenie trójglicerydów (> 1,7 mmol/l = 150 mg/dl),
- miażdżycowa choroba układu krążenia,
- zespół policystycznych jajników u kobiet.

Warto pamiętać, że wśród przyczyn powstawania cukrzycy bardzo ważną rolę odgrywa tryb życia, w tym złe nawyki żywieniowe oraz mała aktywność fizyczna. Niestety, obecnie zauważa się coraz częstszą nadwagę, a nawet otyłość wśród dzieci i młodzieży, co powoduje wzrost zapadalności na cukrzycę typu 2.

BMI (Body Mass Index)

BMI to wskaźnik proporcji wagowo-wzrostowej (wskaźnik masy ciała). Jest to wskaźnik, który ma istotne znaczenie w ocenie ryzyka chorób związanych z nadwagą i otyłością, czyli miażdżycy, choroby niedokrwiennej serca czy właśnie cukrzycy, ale nie może być stosowany u dzieci do ok. 14 roku życia. Dla nich stosuje się tzw. siatki centylowe.

BMI jest prosty do wyliczenia: masę ciała dzielimy przez wzrost do kwadratu. Przy czym masa ciała podawana jest w kilogramach, a wzrost w metrach.

Wzór matematyczny: BMI = masa ciała / (wzrost)².

Podwyższona wartość tego wskaźnika może wskazywać na ryzyko wystąpienia chorób. Należy jednak pamiętać, że BMI jest wskaźnikiem orientacyjnym, niezbyt dokładnym, ponieważ wylicza się go według ogólnego wzoru, nie biorąc pod uwagę stylu życia (np. uprawianego sportu) czy proporcji ciała. Ogólnie przyjmuje się dwie podstawy klasyfikacji: podstawową i poszerzoną:

klasyfikacja podstawowa

- niedowaga ≤ 18,49
- wartość prawidłowa 18,5-24,99
- nadwaga ≥ 25,0

klasyfikacja poszerzona (dokładniejsza):

- wygłodzenie < 16,0
- wychudzenie (spowodowane ciężką chorobą) 16,0-16,99
- niedowaga 17,0-18,49
- wartość prawidłowa 18,5-24,99
- nadwaga 25,0-29,99
- I stopień otyłości 30,0-34,99
- II stopień otyłości (otyłość kliniczna) 35,0-39,99
- III stopień otyłości (otyłość skrajna) ≥ 40,0

Przykład 1: osoba o wzroście 168 cm i masie ciała 56 kg - BMI $56/(1,68)^2$ =56/2,82 = 19,86 (wartość prawidłowa)
Przykład 2: osoba o wzroście 168 i masie ciała 82 kg - BMI $82/(1,68)^2$ =82/2,82 = 29,08 (nadwaga).

Rozmieszczenie tkanki tłuszczowej

Bardzo ważnym uzupełnieniem BMI (jeżeli jest wyższe niż 25) jest rozmieszczenie tkanki tłuszczowej. Najbardziej niekorzystne jest nagromadzenie tkanki tłuszczowej w jamie brzusznej, czyli spędzająca sen z powiek wielu kobietom tzw. „oponka" czy fałdki tłuszczu na brzuchu - otyłość brzuszna (typu jabłkowego). Nieco mniej groźna ze względu na ryzyko chorób jest otyłość pośladkowo-udowa (typu gruszkowego).

Istnieją dwa wskaźniki oceny tkanki tłuszczowej, które można sobie sprawdzić samodzielnie:

Wskaźnik WHR (waist - hip ratio), czyli obwód w talii podzielony przez obwód bioder.

Obwód w talii mierzy się na wysokości pępka, obwód bioder na wysokości spojenia łonowego.

Wskaźnik WHR należy brać pod uwagę, gdy jest stwierdzona nadwaga czyli BMI≥ 25.

Dla kobiet: WHR > 0,8 - otyłość typu jabłkowego, WHR < 0,8 - otyłość typu gruszkowego.

Dla mężczyzn: WHR > 1 - otyłość typu jabłkowego, WHR < 1 - otyłość typu gruszkowego.

Wskaźniki ilości tłuszczu brzusznego wyższe niż wartości prawidłowe

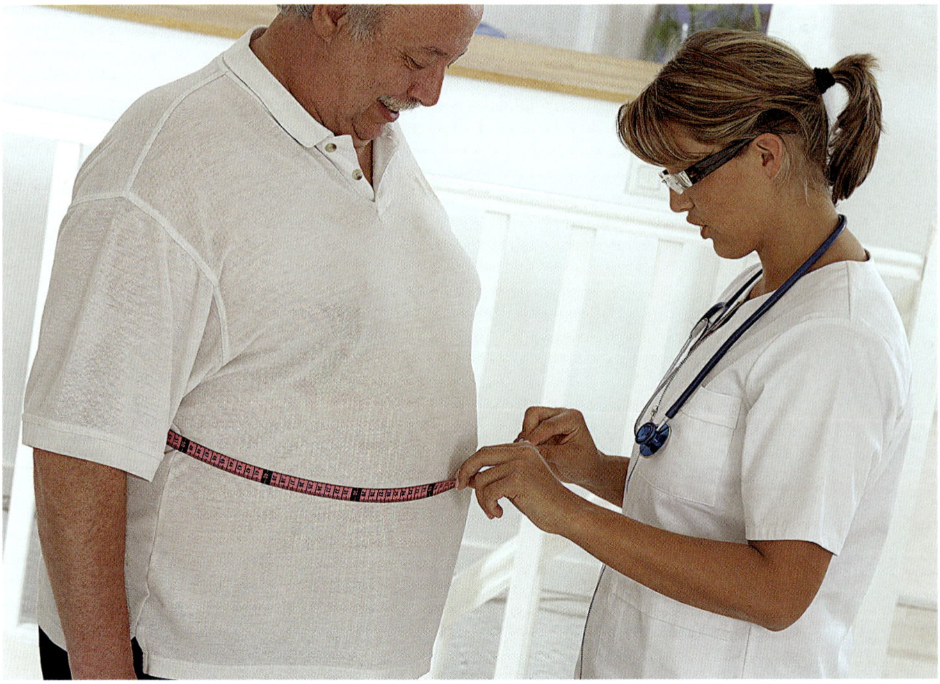

mogą oznaczać niebezpieczną otyłość brzuszną i to nawet przy prawidłowym BMI!

Obwód talii – prawidłowy obwód talii dla populacji europejskiej: dla kobiet < 80 cm, dla mężczyzn < 94cm.

Szczegółowe badania pomiaru tkanki tłuszczowej można wykonać w odpowiednich laboratoriach.

HbA1c Hemoglobina glikozylowana

W monitorowaniu leczenia cukrzycy bardzo ważnym parametrem jest hemoglobina glikozylowana (glikowana). Jest to parametr, który odzwierciedla poziom glikemii w ciągu trzech miesięcy (6–10 tygodni) i pozwala ocenić skuteczność leczenia cukrzycy. Hemoglobina glikozylowana powstaje w wyniku wbudowania glukozy do cząsteczki hemoglobiny zawartej w erytrocytach (białko wchodzące w skład czerwonych krwinek krwi biorące udział w transporcie tlenu i dwutlenku węgla). To połączenie ma charakter nieodwracalny i, biorąc pod uwagę średnią długość życia erytrocytów równą 100 dni, otrzymujemy obraz poziomu cukru we krwi w okresie trzech miesięcy poprzedzających badanie. Im więcej glukozy we krwi, tym więcej łączy się z hemoglobiną, a wartość tę przedstawia się w procentach:

- u osób zdrowych wynosi między 4% a 6%,
- o dobrej kontroli cukrzycy 1 i krótkotrwałej cukrzycy 2 świadczy wynik ≤ 6,1–6,5%,
- wartość > 7% świadczy o złej kontroli cukrzycy i wymaga zmiany metody leczenia.

Wysoka wartość HbA1c wpływa istotnie na wzrost powikłań cukrzycowych.
Oznaczenia HbA1c u chorych na cukrzycę zaleca się wykonywać rutynowo raz na 3 miesiące. U pacjentów z ustabilizowaną chorobą badania kontrolne można wykonywać co 6 miesięcy.

LECZENIE CUKRZYCY

Cukrzyca nie jest chorobą uleczalną w dosłownym tego słowa znaczeniu, można natomiast znacznie opanować jej objawy oraz spowolnić jej rozwój. Chory musi dbać o prawidłowy poziom cukru i tłuszczów we krwi, właściwe odżywianie i zażywanie odpowiednich leków. Należy pamiętać, że przy stwierdzeniu cukrzycy lub nawet stanu przedcukrzycowego pierwsze kroki dotyczące metody leczenia podejmuje lekarz!

Istnieje kilka podstawowych zasad obejmujących leczenie tej choroby:

- edukacja pacjentów,
- leczenie niefarmakologiczne,
- leczenie farmakologiczne,
- leczenie powikłań choroby.

EDUKACJA PACJENTÓW

Najczęściej wiadomość o stwierdzeniu u pacjenta cukrzycy wywołuje u niego wstrząs, bunt i brak akceptacji. Chorych ogarnia strach, któremu towarzyszy często poczucie niepełnej wartości, przekonanie, że coś się w życiu kończy, że nie będą mogli normalnie funkcjonować. Może także pojawiać się skrępowanie, wstyd i chęć ukrycia prawdy przed innymi. Dlatego edukacja chorych jest tak samo ważna jak farmakoterapia, dieta czy wysiłek fizyczny. Chory musi dobrze poznać, zrozumieć i zaakceptować chorobę.

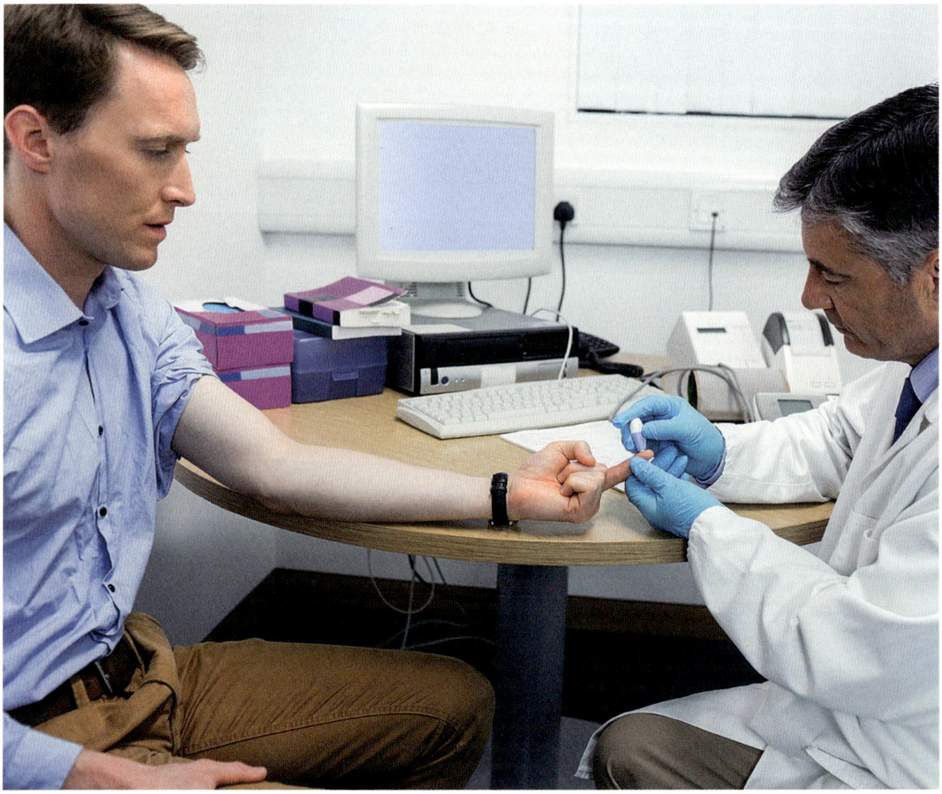

To pozwoli mu wdrożyć zachowania umożliwiające współpracę z lekarzem, dyscyplinę wewnętrzną i właściwe leczenie, a w konsekwencji normalne życie. Brak akceptacji może często prowadzić do próby ignorowania cukrzycy, pogardliwego stosunku do niej czy wręcz postępowania „po swojemu". W konsekwencji może to prowadzić nie tylko do pogorszenia stanu zdrowia, pojawienia się groźnych powikłań, ale nawet do przedwczesnej śmierci.

Edukacja w cukrzycy obejmuje zarówno edukację indywidualną, jak i zbiorową – najlepiej, by były prowadzone równocześnie. Szkolenie indywidualne pozwala odnieść się do konkretnej sytuacji danego chorego, zrozumieć przyczyny, specyficzne trudności i ustalić indywidualne leczenie. Edukacja zbiorowa ułatwia akceptację, na zasadzie: nie jestem jedyny z tym problemem! Bardzo ważną rolę odgrywają tutaj tzw. grupy wsparcia, których istotnym elementem jest wymiana doświadczeń, konkretne porady osób, borykających się z podobnymi problemami. W dzisiejszych czasach ważną rolę odgrywają portale internetowe, na których można podzielić się własnymi doświadczeniami i uzyskać porady na każdy właściwie temat.

Należy jednak podkreślić, że **po stwierdzeniu cukrzycy lub stanu przedcukrzycowego nie wolno leczyć się na własną rękę, wyłącznie w oparciu o rady na tychże stronach bez konsultacji z lekarzem.**

Przydatne adresy

- www.mojacukrzyca.org
- www.diabetycy.eu
- www.diabetyk.org.pl
- www.trzymajpoziom.com.pl
- cukrzyca.akcjasos.pl
- www.naszacukrzyca.pl
- www.cukrzycapolska.pl
- www.diabeciaki.

Czasopisma

„Diabetyk" – miesięcznik
„Gorzka czekolada" – kwartalnik
„Glukomag" – dwumiesięcznik
„Pen" – dwumiesięcznik

LECZENIE NIEFARMAKOLOGICZNE

Leczenie niefarmakologiczne obejmuje przede wszystkim dietę oraz wysiłek fizyczny. Bardzo ważne jest, aby ta forma leczenia także była skonsultowana z lekarzem. Nie wolno na własną rękę ustalać diety ani też formy wysiłku fizycznego. Szczególnie w przypadku cukrzycy typu 1.

DIETA

Leczenie dietą zależy od typu cukrzycy oraz od stopnia jej zaawansowania, ale ma spełniać kilka podstawowych zasad:
1. Dostarczanie odpowiedniej ilości kalorii – ma zapewnić utrzymanie prawidłowej masy ciała lub jej redukcję

w przypadku osób otyłych lub z nadwagą. Ważne jest przy tym:

- zmniejszenie masy ciała nie może przekraczać 2 kg/tydzień,
- ilość dostarczanych kalorii zależy od należnej masy ciała (nmc) i trybu życia (praca w pozycji siedzącej, średni wysiłek fizyczny, ciężki wysiłek fizyczny).

Jak obliczyć należną masę ciała (nmc)

Przy wzroście ≤ 165 cm odejmij 100, przy wzroście 165–175 cm odejmij 105, a przy wzroście > 175 cm odejmij 110.

Zapotrzebowanie na kalorie

siedzący tryb pracy – 20–25 kcal/kg nmc
średni wysiłek fizyczny w pracy – 25–30 kcal/kg nmc
ciężki wysiłek fizyczny w pracy – 30–40 kcal/kg nmc
Oczywiście są to wyliczenia orientacyjne, nieuwzględniające dodatkowych ćwiczeń fizycznych czy też skłonności osobniczych.

2. Regularne posiłki i odpowiednia ich liczba – ogólnie wiadomo, że spożywanie kilku mniejszych posiłków zamiast jednego czy dwóch potężnych jest zdrowsze. To samo dotyczy osób z cukrzycą, chociaż ścisła liczba posiłków zależy od typu cukrzycy, stopnia jej zaawansowania oraz leczenia farmakologicznego i wynosi 4–7 posiłków. Najczęściej w cukrzycy typu 2 i leczeniu dietą oraz lekami doustnymi wystarczają 4 posiłki, ale już w przypadku cukrzycy typu 1, szczególnie w przypadku leczenia insulinami krótkodziałającymi potrzeba 6–7 posiłków. Największą możliwość manewru daje właściwie dostosowana pompa insulinowa. To wszystko jednak musi być ustalone z lekarzem i dietetykiem.

3. W miarę jednakowa kaloryczność poszczególnych posiłków każdego dnia – jest to szczególnie ważne przy leczeniu z zastosowaniem insuliny, gdyż ułatwia jej dawkowanie i zmniejsza niepokój pacjenta.

4. Właściwy jakościowy skład diety – ważne, by dieta zawierała odpowiedni udział składników pokarmowych dostarczających energii. Prawidłowo powinna ona pochodzić w 40–50% z węglowodanów, 30–35% z tłuszczów i 15–20% z białek.

W doborze pokarmów zawierających węglowodany należy pomagać sobie tzw. indeksem glikemicznym (ang. glycemic index, GI = IG).

Indeks glikemiczny

GI (IG) – jest to klasyfikacja produktów żywnościowych zawierających węglowodany na podstawie ich wpływu na glikemię poposiłkową, czyli stężenie glukozy we krwi w 2–3 godziny od rozpoczęcia posiłku. Indeks ten dotyczy tylko węglowodanów, ponieważ tłuszcze i białka nie powodują intensywnego wzrostu poziomu glukozy. Wskaźnik ten informuje, jaki jest wzrost stężenia glukozy we krwi po spożyciu produktu zawierającego 50 g węglowodanów przyswajalnych (te, które nasz organizm trawi i metabolizuje – np. glukoza, fruktoza, laktoza, skrobia, sacharoza). Jako odnośnik przyjęto wzrost poziomu cukru we krwi po spożyciu 50 g glukozy. I tak produkty można podzielić na trzy główne grupy: których GI jest niski (0–35), średni (40–50) i wysoki (55–100). Te, które mają wysoki GI, powodują wysoki poziom cukru we krwi oraz jego dłuższe utrzymywanie się. Tabele zawierające GI różnych produktów są powszechnie dostępne zarówno u lekarzy diabetologów, dietetyków, w poradniach diabetologicznych, jak i na stronach internetowych. Osoby z cukrzycą oraz osoby, u których stwierdzono stan przedcukrzycowy, powinny zaopatrzyć się w takie tablice i umieścić je w widocznym miejscu.

Kilka ważnych informacji dotyczących GI

- Spożycie produktu o wysokim GI powoduje nagły wzrost stężenia glukozy we krwi.
- Ten sam produkt, przygotowany na różne sposoby ma nieco inny GI: gotowanie i smażenie podwyższa GI.
- Im mniej dany produkt jest przetworzony, tym mniejszy jest jego GI.
- Wysoce przetworzone produkty zbożowe mają wysoki GI (np. biała mąka, białe pieczywo).
- Produkty zawierające dużo błonnika obniżają wartość GI – błonnik blokuje częściowo wchłanianie węglowodanów do krwi.
- Jedzenie w pośpiechu zwiększa GI – szybkie jedzenie powoduje szybsze wchłanianie węglowodanów zawartych w posiłku.
- Spożywanie produktów o niskim GI ułatwia kontrolę poziomu glukozy we krwi.

Większość naszych posiłków składa się z kilku produktów, co znacznie utrudnia dokładne obliczenie GI, ale jego znajomość dla poszczególnych produktów daje ogólne pojęcie i na pewno przyczyni się do zmniejszenia w diecie produktów wpływających na niebezpieczny wzrost poziomu glukozy we krwi.

Wymienniki

W dietetyce cukrzycowej stosuje się jeszcze inne pojęcia: **wymiennika węglowodanowego** (jednostka chlebowa) – **WW** oraz **wymiennika białkowo-tłuszczowego WBT**. Jednostki te są ważne szczególnie dla chorych na cukrzycę leczonych insuliną

Wymiennik węglowodanowy (WW)

WW to jednostka, która określa porcję danego produktu zawierającą 10 g (4 kcal) przyswajalnych węglowodanów (=10 g czystego cukru). Można korzystać z tabel wymienników lub samodzielnie obliczać ją na podstawie składu danego produktu. O ile odczyt WW z tabel nie nastręcza problemów, ponieważ wartości są podane i wymagają tylko sprawdzenia spożywanej ilości produktu (konieczna jest waga), o tyle wyliczenie WW z produktu może wydawać się skomplikowane. Tak naprawdę w większości przypadków jest to stosunkowo proste, zwłaszcza jeżeli mamy do czynienia z produktami posiadającymi etykiety. Na takiej etykiecie powinna być podana ilość węglowodanów w danej masie lub objętości. Znając tę wartość, masę (lub objętość) produktu oraz pamiętając, że 10 g węglowodanów przyswajalnych to 1 WW, możemy obliczyć, ile WW spożyliśmy.

Przykłady w ramce:

Jednostka WW daje wiedzę na temat różnych produktów wywołujących jednakowy wzrost poziomu cukru we krwi i ułatwia stosowanie urozmaiconej diety. Służy ona nie tylko podaniu informacji o zawartości węglowodanów w danej ilości produktu, ale przede wszystkim do wyliczenia potrzebnej dawki insuliny, co jest szczególnie istotne w przypadku osób leczonych insuliną. Niektórzy mają ustalone dawki insuliny i do nich dopasowują spożywany posiłek (np. 6 WW śniadanie, 3 WW drugie śniadanie, 4,5 WW obiad, 3 WW podwieczorek, 4 WW kolacja).

Z TABELI

Ile WW ma dany produkt (o danej masie), np.:

bułka kajzerka: 20 g = 1 WW, ale cała bułka waży około 40 g, czyli 2 WW

pomidor (duży): 25 dag = 0,6 WW,

ananas (średni plaster): 80 g = 1 WW

pączek (1 sztuka): 70 g = 4,2 WW

miód (łyżeczka): 15 g = 1 WW

lub

Ile produktu (masa lub sztuki) ma 1 WW, np.:

mleko 0,5% -1 szklanka (250 g)

batoniki mars - 1/5 batonika (15 g)

ogórek - 5 średnich sztuk (50 dag)

W OPARCIU O INFORMACJE NA ETYKIECIE

snickers (baton - 50 g) - w 100 g jest 60,2 g węglowodanów, czyli w 50 g jest 30,1 g (:10) = 3 WW

delicja wiśniowa (15 g) - w 100 g jest 71 g węglowodanów, czyli w 15 g jest 10,6 g (:10) = 1 WW

jogurt truskawkowy (150 g) - w 100 g jest 16 g węglowodanów, czyli w 150 jest 24 g (:10) = 2,4 WW

Inni „spożywają" wymienniki i dopasowują do nich porcję insuliny (4 WW - 4 jednostki insuliny). Możliwe jest wtedy pewne manewrowanie w ramach posiłku (dzisiaj obiad 4 WW i 4 jednostki insuliny, jutro 5 WW i 5 jednostek insuliny). Należy tylko znać właściwy dla siebie wskaźnik insulina-wymiennik, który jest różny w zależności od stopnia zaawansowania choroby, jej typu czy np. wieku. Wskaźnik ten ustalamy po konsultacji diabetologicznej.

Wymiennik białkowo-tłuszczowy (WBT)

Jednostka ta uwzględnia wpływ, jaki na poziom cukru we krwi wywierają tłuszcze i białka (np. sery, masło, szynka). W Polsce wymiennik ten zaczął być stosowany stosunkowo niedawno i warto tutaj zaznaczyć, że metoda jego obliczania została opracowana przez prof. dr hab. n. med. Ewę Pańkowską, diabetologa pracującego w Klinice Diabetologii, Patologii Noworodka i Wad Wrodzonych Akademii Medycznej w Warszawie. Dawniej w diecie osoby chorej na cukrzycę skupiano się tylko na węglowodanach, nie biorąc pod uwagę wpływu, jaki na poziom cukru mogą wywierać białka i tłuszcze. Podnoszą one stężenie cukru we krwi, lecz robią to o wiele dłużej niż węglowodany. Produkt białkowo-tłuszczowy ma pewną wartość energetyczną, czyli kcal. Te kalorie można przeliczyć na wymiennik WBT. A oto przykład:

100 kcal z białka i tłuszczu = 1 WBT, a 1 WBT wymaga tyle samo jednostek insuliny co 1 WW. Czyli produkt białkowo-tłuszczowy lub tłuszczowy zawierający 450 kcal ma 4,5 WBT (450 kcal/100) i wymaga 4,5 jednostek insuliny.

Właściwie większość naszych posiłków jest mieszanką białek, tłuszczów i węglowodanów.

Jak więc pogodzić tę wiedzę i szybko oraz sprawnie policzyć oba wskaźniki? Poniżej kilka wskazówek:

- Jeżeli mamy produkty, które możemy rozdzielić, czyli osobno węglowodany, osobno białka i tłuszcze, wyliczamy osobno WW i WBT.
- Jeżeli mamy produkt mieszany, opieramy się na danych na etykiecie, które powinny zawierać informację o ilości białka, tłuszczu, węglowodanów w danej jednostce miary. Węglowodany wyliczymy, pamiętając, że 10 g to 1 WW. Natomiast WBT możemy wyliczyć, opierając się na przyjętym powszechnie założeniu, że: 1 g **białka** = 4 kcal, 1 g **węglowodanów** = 4 kcal, 1 g **tłuszczu** = 9 kcal

ZASADY DOBREJ DIETY

Cukrzyca, co warto powtórzyć, jest chorobą w sposób nierozerwalny związaną z tym, co jemy i jak jemy. Dlatego właściwa dieta jest tak istotna w profilaktyce oraz leczeniu cukrzycy, szczególnie typu 2. Do niedawna tworzyło się diety określane jako „dieta cukrzycowa" czy „dieta dla cukrzyka", obecnie coraz częściej pojawia się pogląd, że nie ma czegoś takiego jak dieta cukrzycowa czy idealna dieta dla wszystkich chorych na cukrzycę. Istnieją natomiast pewne zasady prawidłowego

…wiania i wytyczne, które zalecane …także dla ludzi zdrowych. Chorzy na cukrzycę muszą tylko bardziej restrykcyjnie do tych zaleceń się stosować. Ponieważ każdy chory jest inny i jego choroba jest inna, przy ustalaniu prawidłowej diety należy zasięgnąć rady lekarza diabetologa czy dietetyka.

- Dieta musi być dopasowana do wieku, płci, masy ciała, aktywności fizycznej oraz typu i stopnia cukrzycy.
- Ustalając dietę, należy także brać pod uwagę ewentualne inne, współistniejące choroby oraz wszystkie zażywane leki.
- Tylko specjalista zapewni poradę dostosowaną do indywidualnych potrzeb, a przy tym, jeżeli to tylko możliwe, pozwoli nadal cieszyć się jedzeniem tego, co lubimy.
- Dieta, aby była skuteczna, nie może się wiązać się z dużymi wyrzeczeniami i całkowitym pozbawieniem się przyjemności jedzenia. Taka dieta prędzej czy później doprowadzi do jej „łamania". Dieta musi pokrywać zapotrzebowanie na składniki odżywcze oraz witaminy i składniki mineralne.
- Składniki pokarmowe należy odpowiednio bilansować, a wybierając produkty, trzeba kierować się ich Indeksem Glikemicznym (GI), unikając tych o wysokim GI.
- Posiłki powinny być wizualnie „apetyczne" oraz zawierać przynajmniej jakąś część naszych ulubionych produktów.

Wartość energetyczna diety powinna pochodzić z węglowodanów, tłuszczy i białek w następujących proporcjach:

- węglowodany: 40–50%,
- tłuszcze: 30–35%,
- białka: 15–20%.

Węglowodany (cukry)

- Powinny to być węglowodany o niskim GI (< 50).
- Należy ograniczyć spożywanie węglowodanów prostych (cukry) do minimum, gdyż gwałtownie podnoszą one poziom glukozy.
- Zastępować węglowodany proste węglowodanami złożonymi (ale o niskim GI), ponieważ powodują stopniowe uwalnianie glukozy.
- Spożywać produkty bogate w błonnik pokarmowy (warzywa, pełnoziarniste pieczywo, rośliny strączkowe). Zadowalająca ilość to 30–40 g.
- Uważać ze stosowaniem słodzików zamiast cukru, gdyż niektóre mają podobną ilość kalorii co cukier stołowy.

UWAGA

Osoba chora na cukrzycę powinna codziennie dostarczać organizmowi 150–400 g węglowodanów. W przeciwnym razie organizm będzie wytwarzał je w procesach przemiany białek i tłuszczy, w których produkowane są związki ketonowe. Przy nadmiernej ich produkcji (więcej niż 0,2 mmol/l) może dojść do kwasicy ketonowej, a nawet śpiączki (zob. str. 52).

Tłuszcze

W przypadku spożywania tłuszczy ważna jest nie tylko ich ilość, ale także rodzaj.

- Należy ograniczyć spożywanie tłuszczów nasyconych (pochodzenia zwierzęcego) oraz tłuszczy typu trans (półsyntetycznie otrzymywane stałe tłuszcze roślinne).
- Należy proporcjonalnie zwiększyć spożycie tłuszczy jedno- i wielonasyconych, w tym tłuszczy Omega 3.

Białka

Należy starać się dostarczać białko, spożywając chude przetwory nabiałowe i chude gatunki mięs oraz wędlin. Stosunek białka zwierzęcego do białka roślinnego powinien być co najmniej 50/50%.

W każdej diecie bardzo ważne są warzywa i rośliny strączkowe. Powinno spożywać się przynajmniej 5 posiłków, które je zawierają. Zwiększenie ilości spożywanych warzyw przynosi kilka dodatkowych (poza kontrolą poziomu glukozy) korzyści:

– daje dłużej trwające poczucie sytości przy spożyciu dużo mniejszej ilości kalorii,

– zawarty w nich błonnik pokarmowy (włókno pokarmowe) przyczynia się do prawidłowej pracy jelit, obniżenia poziomu złego cholesterolu i ułatwia utrzymanie właściwego poziomu glukozy,

– antyoksydanty i substancje fitochemiczne obecne w roślinach pomagają chronić naczynia krwionośne oraz narząd wzroku przed uszkodzeniami związanymi z cukrzycą,

– niskowęglowodanowe warzywa to np. szparagi, brokuły, brukselka, kapusta, seler, kalafior, bakłażan, czosnek, cebula, rzodkiewka, sałata, rukola, szpinak, rzeżucha, cukinia.

Produkty wskazane	Produkty niewskazane
• pieczywo pełnoziarniste, mieszane, graham • kasze (gryczana, jęczmienna), ryż brązowy, makarony razowe • mleko odtłuszczone, chude sery • chude mięso (cielęcina, królik), drób bez skórki (kurczak, indyk) • wędliny drobiowe, wołowe • ryby, szczególnie chude (np. dorsz) • oliwa, oleje roślinne • owoce świeże • warzywa i soki warzywne, kiszona kapusta i ogórek	• ciastka, cukierki, czekolada, słodkie i tłuste ciasta typu torty, ciasta z dużą ilością żółtek • dżemy, powidła, konfitury, marmolady (ew. niskosłodzone) • miód • makarony wielojajeczne, biały ryż • pełnotłuste mleko, śmietana • słonina, salceson, smalec, kiszka, parówki • mięso wieprzowe, baranina, kaczka, gęś • tłuste wędliny i pełnotłuste sery (np. camembert) • soki owocowe słodzone cukrem • owoce kandyzowane i owoce z puszki

Zasada 7 U

Warto zapamiętać kodeks właściwego żywienia ułożony przez polskiego biochemika i fizjologa żywienia prof. dr. hab. Stanisława Bergera, który zasady właściwego żywienia ujął w 7 punktach (tzw. zasada 7 U).

Urozmaicenie Komponuj posiłek tak, by zawierał różne produkty.
Umiarkowanie Jedz tyle, ile potrzebuje twój organizm, aby utrzymać optymalną masę ciała.
Uregulowanie Jedz posiłki o stałych porach.
Umiejętność Pamiętaj o właściwej obróbce produktów, by nie traciły wartości odżywczych (np. ograniczaj obróbkę termiczną) i nie stawały się niezdrowe (np. unikaj smażenia).
Unikanie Ograniczaj pokarmy zawierające dużo tłuszczu zwierzęcego i soli.
Uprawianie sportu
Uśmiech Pamiętaj, że życie z uśmiechem jest prostsze.

WYSIŁEK FIZYCZNY

Aktywność fizyczna jest istotnym niefarmakologicznym elementem leczenia cukrzycy. Jego rodzaj i intensywność zależą w dużym stopniu od typu cukrzycy, zaawansowania choroby, masy ciała i stosowanych metod leczenia (czy wprowadzona jest insulina, czy nie). Planowaną aktywność należy skonsultować z lekarzem; dotyczy to szczególne intensywnego wysiłku fizycznego związanego np. z uprawianiem sportu.

Kilka prostych rad

Poniżej kilka zaleceń, które z pewnością można zastosować bez konsultacji, a które podniosą nieco naszą aktywność w życiu codziennym:

- Wchodząc i wychodząc na piętro, wybieraj raczej schody niż windę.
- Parkuj samochód w pewnej odległości od drzwi wejściowych do sklepu, kina, pracy.
- Jadąc autobusem do pracy czy z pracy, wysiądź przystanek wcześniej, a resztę drogi pokonaj piechotą.
- Po drobne zakupy wybieraj się pieszo, a nie samochodem, a jeżeli to możliwe, rozdziel zakupy na dwa razy.
- W pracy udaj się do współpracownika osobiście, zamiast do niego dzwonić.
- Włączając i wyłączając telewizor, wstań, zamiast korzystać z pilota.
- Idąc do celu, wybierz, jeżeli to możliwe, dłuższą drogę (nawet w supermarkecie).
- Umawiaj się z przyjaciółmi na regularne spacery.

Wysiłek przy cukrzycy typu 1

W przypadku cukrzycy typu 1, która zawsze leczona jest insuliną, bardzo ważne jest dokładne poinfomowanie i przeszkolenie pacjenta, tak aby umiał ocenić intensywność i czas wysiłku w stosunku do zapotrzebowania na insulinę oraz dodatkowe węglowodany. Niektórzy lekarze podważają nawet potrzebę regularnych ćwiczeń fizycznych w przypadku cukrzycy typu1 ze względu na problemy z wahaniem stężenia glukozy podczas wysiłku. Niemniej, zakładając, że wysiłek fizyczny nie leczy samej choroby (inne podłoże niż w przypadku cukrzycy typu 2), na pewno ma wpływ na ograniczenie i spowolnienie powikłań, zwłaszcza tych związanych z chorobami naczyniowymi.

Jeżeli u chorego na cukrzycę typu 1 nie doszło do poważnych powikłań, takich jak uszkodzenie nerek, układu nerwowego, układu krążenia czy oczu, może on uprawiać sport nawet wyczynowo. Jedynym rodzajem aktywności fizycznej, której się nie poleca, są ćwiczenia siłowe związane z dużymi obciążeniami, np. podnoszenie ciężarów. W przypadku stwierdzenia powikłań istnieją pewne formy wysiłku fizycznego, których podejmować nie wolno, ponieważ mogą powodować pogłębianie się powikłań. Dlatego jeszcze raz podkreślamy, że najlepiej każdy „pomysł na aktywny ruch" skonsultować z lekarzem.

Ponieważ w przypadku cukrzycy typu 1 insulina nie jest wytwarzana, lecz dostarczana egzogennie, jej stężenie nie podlega fizjologicznym zmianom. Chory powinien więc nauczyć się precyzyjnie utrzymywać właściwą glikemię podczas większego wysiłku fizycznego. Poniżej kilka wskazówek.

Jak utrzymywać właściwą glikemię podczas wysiłku

- Kontroluj glikemię przed wysiłkiem, w trakcie wysiłku, ale także przez kilka godzin po.
- Przyjmuj dodatkowe węglowodany przed wysiłkiem i co godzinę podczas jego trwania oraz po jego zakończeniu – około 30 g na 30 minut wysiłku.
- Unikaj intensywnego wysiłku w szczycie działania insuliny.
- Nie wstrzykuj insuliny w miejsce szczególnie intensywnie eksploatowane podczas wysiłku (np. udo, jeśli masz w planach bieganie).
- Zmniejszaj dawkę insuliny przed wysiłkiem nawet o 30–50% w zależności od rodzaju tego wysiłku i stężenia glukozy.
- Jeśli glikemia jest wysoka (> 13,9 mmol/l = 250 mg/dl) oznaczaj poziom ciał ketonowych w moczu i przy stwierdzeniu ketonurii unikaj wysiłku.

Wysiłek przy cukrzycy typu 2

Jeżeli cukrzyca tego typu jest mocno zaawansowana i leczona insuliną, podejmując wysiłek fizyczny, należy się kierować takimi samymi zasadami jak w przypadku cukrzycy typu 1.

Trzeba także pamiętać, że cukrzyca typu 2 często przebiega bezobjawowo, dlatego po jej stwierdzeniu, a przed podjęciem decyzji o jakimkolwiek większym wysiłku (np. sport wyczynowy) należy przeprowadzić dokładne badania, by sprawdzić, czy nie ma już jakiś powikłań. Jeśli jednak mamy stan przedcukrzycowy czy cukrzycę typu 2 bez powikłań, wysiłek fizyczny jest niezbędny – jest to forma leczenia. Jeżeli do tej pory prowadziliśmy siedzący tryb życia, wysiłek fizyczny należy podejmować stopniowo, przyzwyczajając do niego organizm. Aby ta forma leczenia była skuteczna, musi być przede wszystkim regularna: przynajmniej 3–4 razy tygodniowo (najlepiej codziennie) oraz musi odpowiednio długo trwać. Przyjmuje się, że 40-minutowy wysiłek jest wystarczający, ale musi być w miarę intensywny. Należy także pamiętać o ogólnych zasadach każdego wysiłku fizycznego, tzn. zaczynać krótką rozgrzewką, a kończyć ćwiczeniami rozluźniającymi i uspakajającymi.

Zalecane formy wysiłku

- **Spacer** – to bardzo prosta w realizacji i powszechna wśród chorych na cukrzycę forma wysiłku fizycznego. Mamy tu na myśli spacer energiczny (właściwie marsz), szybki, trwający nawet do godziny, liczący około 10 tysięcy kroków. Krótki, wolny spacerek nie spełnia w tym przypadku właściwej funkcji.
- **Jazda na rowerze** – należy jeździć spokojnie, najlepiej po w miarę równym terenie, aby nie powodować zbyt dużego przyspieszenia pracy serca.
- **Narciarstwo biegowe**
- **Rekreacyjna jazda na łyżwach**
- **Pływanie** – należy pływać spokojnie, prostym, niezbyt męczącym stylem, nie zatrzymując zbyt długo powietrza w płucach.
- **Taniec** – z wyjątkiem bardzo szybkich, typu rock and roll, które gwałtownie przyspieszają pracę serca.

Osoba chora na cukrzycę musi wykazywać się większą przewidywalnością i zachować większe środki ostrożności związane z wysiłkiem fizycznym. Podczas aktywności fizycznej nasze mięśnie są dodatkowo pobudzane do pracy, powodując zwiększone spalanie glukozy celem uzyskania niezbędnej energii. U chorego może to powodować niedobór glukozy we krwi, czyli niedocukrzenie. Może ono pojawić się nawet kilka godzin po wysiłku fizycznym, ponieważ następuje wtedy odbudowywanie zapasów glukozy w mięśniach.

Aby ustrzec się przed niedocukrzeniem wywołanym wysiłkiem fizycznym:

1. Zawsze zabieraj ze sobą łatwo przyswajalne węglowodany, np. cukier w kostkach, batonik czekoladowy, cukierek.

2. Zawsze przed wysiłkiem spożywaj posiłek, najlepiej około 2 godzin przed.

3. Nigdy nie podejmuj wysiłku na czczo ani wtedy, kiedy poziom cukru we krwi przed wysiłkiem wykracza poza wartości: < 5,5 mmol/l (100 mg/dl) i > 13,8 mmol/dl (250 mg/dl)

4. Zapewnij sobie odpowiedni poziom płynów, tak by nie dopuścić do uczucia pragnienia.

Uwaga: Zawsze miej przy sobie identyfikator informujący o chorobie.

Ryzyko skaleczeń i urazów

Każdy rodzaj aktywności fizycznej zarówno u osoby zdrowej, jak i chorej obarczony jest ryzykiem skaleczeń i urazów. Niestety, rany i urazy u osoby z cukrzycą są bardziej niebezpieczne niż u osoby zdrowej. Przyczyniają się do rozregulowania choroby, a powrót do zdrowia może trwać dłużej. Jest to związane z występowaniem powikłań.

- Zaburzenie krążenia krwi powoduje wolniejsze docieranie do ran tlenu oraz czynników przyspieszających gojenie się.

- Zaburzenie funkcjonowania układu odpornościowego zaburza proces usuwania obumarłych i zniszczonych komórek oraz spowalnia tworzenie się nowych, zdrowych.
- Zaburzenie w obrębie układu nerwowego prowadzi do uszkodzenia nerwów, szczególnie nerwów obwodowych. Powoduje to drętwienie w stopach i dłoniach oraz upośledza czucie, obniżając próg odczuwania bólu. To powikłanie jest szczególnie niebezpieczne dla stóp, które podczas wysiłku fizycznego są bardziej obciążone, narażone na otarcia i skaleczenia. Dlatego podczas wysiłku fizycznego i po jego zakończeniu należy w wyjątkowy sposób zadbać o stopy.

Higiena stóp u osób chorych na cukrzycę

Dbanie o stopy jest u osób chorych na cukrzycę istotne nie tylko w związku z wysiłkiem fizycznym. Powinno stać się codzienną, rutynową czynnością. A oto kilka wskazówek:

- Zawsze noś wygodne i miękkie obuwie. Powinno być we właściwym rozmiarze, odpowiednio szerokie i na płaskim obcasie. Dobrze, by zakrywało palce. Jeżeli uprawiasz sport, postaraj się, aby w miarę możliwości obuwie było dopasowane do rodzaju aktywności fizycznej – np. do marszu.
- Kontroluj stan butów od wewnątrz, sprawdzając, czy nie pojawiły się uszkodzenia materiału lub zanieczyszczenia (np. wbity kamyk) mogące powodować rany stóp.
- Dobieraj wygodne skarpetki umożliwiające oddychanie skóry, najlepiej bawełniane i bezuciskowe. Warto kupić skarpetki odprowadzające wilgoć oraz bezszwowe, zalecane dla diabetyków. Skarpetki zmieniaj codziennie.
- Regularnie (codziennie) oglądaj stopy, sprawdzając, czy nie pojawiły się odciski, otarcia, zaczerwienienia lub pęcherze.
- Codziennie myj stopy w letniej temperaturze (najlepiej 37°C), używając łagodnego mydła. Gorąca woda jest niewskazana, a moczenie stóp nie powinno trwać dłużej niż 3–4 minuty.
- Po umyciu osuszaj dokładnie stopy, pamiętając o przestrzeni między palcami. Lepiej osuszać przez dotyk niż pocieranie.
- Nawilżaj wierzch oraz spód stóp, używając odpowiedniego kremu nawilżającego lub maści zalecanej przez lekarza. Nie nawilżaj miejsc między palcami, gdyż sprzyja to rozwojowi grzybicy.
- Dbaj o paznokcie, obcinając je na prosto, ale niezbyt krótko. Po obcięciu opiłuj paznokcie używając czystego pilnika (najlepiej jednorazowego), by były łagodnie zakończone. Zapobiegaj wrastaniu.
- Unikaj chodzenia boso – jest przeciwwskazane, gdyż zwiększa ryzyko urazów.
- Jeśli zaobserwujesz niepokojące zmiany świadczące o zakażeniu, takie jak zaczerwienienie, obrzęk, niegojące się uszkodzenie skóry, jak najszybciej udaj się do lekarza. Cukrzyca powo-

duje szybkie rozprzestrzenianie się zakażenia.

Postępowanie z raną w cukrzycy

Każdą ranę, nawet najmniejszą, trzeba jak najszybciej zaopatrzyć.

- Usuń zabrudzenia, najlepiej pod bieżącą, niezbyt gorącą wodą. Okolicę wokół rany przemyj mydłem. Nie zaleca się stosowania wody utlenionej na ranę, ponieważ może powodować podrażnienia.
- Po oczyszczeniu posmaruj maścią z antybiotykiem i załóż sterylny bandaż lub plaster.
- Opatrunek zmieniaj codziennie, przemywając okolice mydłem i dobrze osuszając.
- Nie uciskaj rany podczas gojenia.
- Przy większych ranach lub pojawieniu się jakichkolwiek, nawet najmniejszych zaczerwień skonsultuj się z lekarzem.

Toby Petersen

Cukrzyca i sport

Cukrzyca nie jest przeciwwskazaniem do uprawiania sportu, nawet wyczynowo. Żeby nie być gołosłownym, podajemy kilka przykładów sportowców chorujących na cukrzycę typu 1, którzy, trenując, borykali się już z tą chorobą:

Michał Jeliński – polski wioślarz, mistrz olimpijski z Pekinu i czterokrotny mistrz świata w wioślarstwie.

Gary Hall – amerykański pływak, zdobywca 5 złotych, 3 srebrnych i 2 brązowych medali na letnich igrzyskach olimpijskich w 1996, 2000 i 2004. Trzykrotny mistrz świata.

Gary Blakie – brytyjski triatlonista. W wieku 21 lat na mistrzostwach Wielkiej Brytanii zajął 8 miejsce w tej naprawdę bardzo wyczerpującej dyscyplinie.

Toby Petersen i B.J. Crombeen – amerykańscy hokeiści. Zawodnicy drużyny Dallas Stars NHL.

Steven Redgrave – brytyjski wioślarz. Pięciokrotny złoty medalista olimpijski. Wielokrotny złoty medalista mistrzostw świata.

William Cross – zdobywca najwyższych szczytów na 7 kontynentach (między innymi Aconcagua, Kilimandżaro, Mount McKinley, Góra Kościuszk, Mount Everest) oraz obu biegunów.

LECZENIE FARMAKOLOGICZNE

O wdrożeniu leczenia farmakologicznego zawsze decyduje lekarz. Terapia opiera się na stosowaniu leków hipoglikemicznych (wpływają na obniżenie poziomu glukozy we krwi) lub przeciwhiperglikemicznych (zapobiegają wzrostowi poziomu glukozy we krwi) oraz insuliny. Ta ostatnia jest niezbędna w przypadku chorych na cukrzycę typu 1, którzy nie są w stanie, z powodu uszkodzenia komórek β trzustki, syntetyzować tego hormonu. Dla nich insulina jest niezbędna, aby żyć. W przypadku chorych na cukrzycę typu 2 leczenie zależy od stopnia zaawansowania choroby. Jak już wcześniej wspomniano, w początkowej fazie tej choroby bardzo często wystarczy dieta (zob. s. 27) i zmiana stylu życia na bardziej aktywny (zob. s. 35). Przy utrzymującym się wyższym poziomie glukozy oraz wraz z postępowaniem choroby zaleca się włączenie leków doustnych. Dobierając odpowiedni lek, lekarz musi wziąć pod uwagę dominujący mechanizm patogenetyczny choroby, czy jest to insulinooporność, czy też upośledzenie wydzielania insuliny.

W niniejszym poradniku nie rozpisujemy się na temat stosowanych leków, ponieważ decyzja o ich podawaniu należy do specjalistów. Jedynie tytułem informacji wspominamy tu, że najczęściej stosowane leki doustne to pochodne metforminy i sulfonylomocznika. Ponadto leki hamujące wchłanianie cukrów w przewodzie pokarmowym (Akarboza) oraz leki inkretynowe.

- **Metformina** hamuje produkcję glukozy w wątrobie, zwiększa wrażliwość na insulinę, nasila przemianę glukozy, a także, co bardzo ważne, przyczynia się do zmniejszenia masy ciała. Działa więc najlepiej w przypadku dominującej insulinooporności. Jest zaliczana do leków pierwszego wyboru w cukrzycy typu 2.
- **Sulfonylomocznik** pobudza komórki β trzustki do produkcji i wydzielania insuliny, stosowany jest więc w sytuacji, gdy u pacjenta występują zaburzenia wydzielania tego hormonu.
- **Akarboza** działa hamująco na białkowy enzym α-glukozydazę, który rozkłada cukry złożone na cukry proste. Zapobiega to szybkiemu trawieniu cukrów w jelicie, przez co powoduje obniżenie poziomu cukru we krwi.
- **Leki inkretynowe** oddziałują na wczesnym etapie przemian węglowodanowych, jeszcze w przewodzie pokarmowym. Wywierają wpływ na układ inkretynowy, w którego obrębie działają hormony jelitowe (inkretyny).

Często stosuje się także leczenie skojarzone z zastosowaniem dwóch, a czasem trzech leków doustnych o odmiennym działaniu.

Dawki leków, zwłaszcza na początku leczenia, mogą być często zmieniane, chodzi bowiem o dopasowanie do indywidualnego profilu glikemii. Niestety, z czasem działanie leków doustnych słabnie i może nastąpić moment, kiedy włączenie do leczenia insuliny będzie niezbędne. Specjaliści dyskutują o tym, kiedy należy wdrożyć insulinę do leczenia cukrzycy typu 2. Zgodnie z zaleceniami American Diabetes Association (ADA) i European Association for the Study of Diabetes (EASD), insulinę dołącza się już na etapie drugim w połączeniu z metforminą. Polskie Towarzystwo Diabetologiczne sugeruje wprowadzenie podawania tego hormonu przy nieskuteczności leków doustnych, po wcześniejszym zastosowaniu terapii skojarzonej, czyli na trzecim etapie leczenia. Wskazaniem do wcześniejszego podania insuliny jest wysoka glikemia, przekraczająca 300 mg%. Na leczenie insuliną można także przejść czasowo. Kobiety z cukrzycą leczone lekami doustnymi decydujące się na ciążę, muszą odstawić leki i zastąpić je insuliną. Także w przypadku ciężkich chorób, ogromnego stresu czy przygotowywania do operacji niezbędne jest jej podanie.

INSULINA

Bardzo często chorzy wzbraniają się przed stosowaniem insuliny, odsuwają w czasie jej przyjmowanie, traktując to jako ostateczność. Jest to jednak myślenie błędne. Istotą leczenia cukrzycy jest utrzymywanie właściwego poziomu cukru we krwi, zgodnie z naszym rytmem dnia codziennego (posiłki, aktywność fizyczna, sen). Jeżeli dieta, wysiłek, a w końcu i leki nie są w stanie pomóc, jedynym sposobem okazuje się insulina. Przez opieszałość i upór możemy doprowadzić do groźnych w skutkach powikłań (zob. str. 52). To właśnie te powikłania (niewydolność nerek, uszkodzenie wzroku, zaburzenia nerwowe) uczynią standard naszego życia znacznie gorszym niż „kłopoty" z pobieraniem insuliny.

Wyboru preparatu insuliny oraz modelu insulinoterapii dokonuje lekarz indywidualnie, ale w porozumieniu z pacjentem, biorąc pod uwagę wiek, masę ciała, tryb życia oraz pory posiłków.

Ze względu na budowę chemiczną wyróżniamy insulinę ludzką (lub zwierzęcą) oraz analogi insuliny ludzkiej. Dawniej insulinę otrzymywano z trzustek bydła i świń, obecnie dzięki zastosowaniu inżynierii genetycznej insulina ludzka oraz jej analogi produkowane są przez bakterie i drożdże. Analogi insuliny różnią się nieco strukturą chemiczną, co wpływa na ich cechy farmakologiczne związane głównie z czasem wchłaniania z tkanki podskórnej (dłuższe i stopniowe uwalniane).

Otrzymywanie ludzkiej insuliny

Aby otrzymać ludzką insulinę, wykorzystujemy znaną nam bardzo dobrze Gram-ujemną bakterię – pałeczkę okrężnicy (*Escherichia coli*). Żyje ona między innymi w jelicie grubym człowieka, wchodząc w skład flory bakteryjnej biorącej udział w rozkładzie spożywanych przez nas pokarmów. W cytoplazmie tych bakterii znajdują się koliste, pozachromosomowe cząsteczki DNA zwane plazmidami. Do nich wprowadza się geny kodujące dwa łańcuchy ludzkiej insuliny. Następnie bakterię umieszcza się w bioreaktorach (fermentorach). Są to specjalne urządzenia umożliwiające hodowanie mikroorganizmów, komórek roślinnych i zwierzęcych albo ich części oraz przeprowadzanie różnych procesów chemicznych i biochemicznych w warunkach w pełni kontrolowanych i wolnych od zakażeń. W urządzeniach tych bakterie przetrzymywane są w odpowiedniej temperaturze, na pożywkach zawierających wszelkie niezbędne składniki pokarmowe, co umożliwia im szybkie namnażanie się. Wprowadzony plazmid powoduje transformację bakterii, czyli zmianę jej genomu komórkowego, w wyniku czego oprócz własnego białka syntetyzuje także białko, jakim jest ludzka insulina. W końcowym procesie insulinę ekstrahuje się i oczyszcza. Tak otrzymana insulina jest identyczna w składzie aminokwasowym do produkowanej przez trzustkę człowieka, co znacznie ogranicza pojawianie się efektów ubocznych związanych z egzogennym jej podawaniem.

Drugim organizmem służącym człowiekowi w produkcji insuliny są drożdże piekarskie.

Insulina a regulacja metabolizmu

Insulina powstaje jako tzw. proinsulina, która zostaje poddana obróbce potranslacyjnej. Polega ona na usunięciu fragmentu zwanego peptydem C. Aktywny hormon ma masę ok. 6 kDa (kilodaltonów) i zbudowany jest z 2 łańcuchów peptydowych (A i B zawierających w sumie 110 aminokwasów), połączonych ze sobą dwoma wiązaniami (tzw. „mostkami") dwusiarczkowymi. Wydzielanie insuliny przez komórki β trzustki jest stymulowane przez glukozę, ale także przez część przywspółczulną autonomicznego układu nerwowego. Wydzielanie insuliny jest silnie hamowane przez hormon noradrenalinę, co prowadzi do istotnego podniesienia stężenia glukozy w czasie stresu. Z kolei, gdy poziom glukozy zaczyna się obniżać poniżej fizjologicznego, wydzielenie innego hormonu (glukagonu) przez komórki α trzustki powoduje uwolnienie glukozy do krwi przez wątrobę.

Insulina działa po przyłączeniu się do swoistego receptora znajdującego się w błonie komórkowej. Proces ten prowadzi bezpośrednio do aktywacji mechanizmów komórkowych, które wpływają na pobór glukozy z krwi poprzez regulację liczby i działania specjalnych białek, tzw. transporterów glukozy GLUT4. Istnieją także inne białka z tej rodziny, np. GLUT2 znajdujące się w nerkach, jelicie czy wątrobie, które mogą działać w sposób niezależny od insuliny. Przyłączenie insuliny do receptora powoduje jego zmianę konformacyjną, co z kolei wywołuje kaskadę przemian biochemicznych prowadzących do aktywacji kluczowego enzymu, zwanego kinazą białkową B. Enzym ten działa dwukierunkowo, z jednej strony następuje zwiększenie liczby transporterów glukozy w błonie komórkowej w celu ułatwienia przemieszczania się tego cukru do wnętrza komórki, z drugiej rozpoczyna się przekształcanie glukozy w wielocukier glikogen.

Insulina jest hormonem odgrywającym kluczową rolę w metabolizmie węglowodanów, działającym na dwóch poziomach.

1. Działanie insuliny na poziomie całego organizmu obejmuje:

- regulację gospodarki cukrowej organizmu, głównie w mięśniach i tkance tłuszczowej,
- regulację gospodarki tłuszczowej organizmu,
- regulację aktywności rozmaitych enzymów uczestniczących w metabolizmie,
- modyfikację syntezy i degradacji białek.

2. Działanie insuliny na poziomie komórki obejmuje m.in.:

- regulację metabolizmu glikogenu; zwiększone stężenie prowadzi do jego syntezy, obniżone do degradacji i wydzielania glukozy,
- regulację glukoneogenezy (tworzenia glukozy z substratów niecukrowych); niedobór insuliny prowadzi do syntezy glukozy (przeważnie w wątrobie),
- regulację syntezy tłuszczów i regulację lipolizy (insulina zwiększa syntezę triglicerydów i hamuje ich rozpad, jej niedobór wywołuje odwrotny efekt),
- zwiększenie absorpcji (wchłanianie) wolnych aminokwasów z krwiobiegu. zmniejszenie proteolizy (hamowanie rozpadu białek),
- zwiększenie absorpcji potasu z krwiobiegu,
- obniżenie wydzielania sodu przez nerki.

Rodzaje insuliny

Podstawowy podział insuliny oraz jej analogów dotyczy czasu jej uwalniania i działania. Wyróżniamy: insuliny posiłkowe, insuliny naśladujące podstawowe wydzielanie, mieszanki insulinowe. Podamy tutaj bardzo ogólne i informacyjne dane, gdyż na rynku farmaceutycznym jest bardzo dużo preparatów umożliwiających wybór najlepiej dostosowany do potrzeb pacjenta.

Insuliny posiłkowe

- **szybko działające** – wstrzykuje się je tuż przed posiłkiem, ale można w trakcie lub zaraz po. Najczęściej stosuje się je 3 razy dziennie. Rozpoczynają działanie po 10–20 minutach, szczyt aktywności przypada na 1–3 godzinę, a przestają działać po 3-godz.
- **krótko działające** – wstrzykuje się je około 30 minut przed posiłkami głównymi, najczęściej trzy razy dziennie. Rozpoczynają działanie po 30 minutach, maksimum aktywności przypada między 1 a 3 godz., a przestaje działać po 6–8 godz.

Insuliny naśladujące podstawowe wydzielanie

Mają przedłużony czas działania i jako preparat zawierają substancje, które spowalniają wydzielanie insuliny do krwi, zatrzymując ją pod skórą w postaci zdeponowanej.

- **średnio-długo działające** (pośredni czas działania) – rozpoczyna działanie po 1,5–2 godz. od wstrzyknięcia, maksimum aktywności, w zależności od preparatu, przypada na 4-12 godz., a przestaje działać po 18-20 godz. Często stosuje się ją w leczeniu skojarzeniowym z insuliną szybko działającą i podaje się dwa razy dziennie (rano i wieczorem), oraz z insuliną krótko działającą - wtedy raz dziennie.

- **Długo działająca** - rozpoczyna działanie po 1,5-2 godz., maksimum aktywności przypada na 4-14 godz. (w zależności od preparatu) lub utrzymuje równomierne stężenie we krwi bez okresu szczytowego. Działa do 24 godz. Najnowsze preparaty insulinowe pojawiające się na rynku działają nawet do 48 godz.

Mieszanki insulinowe

Najczęściej są to mieszanki insuliny krótko lub szybko działającej z tymi o przedłużonym działaniu. Każda z insulin składowych ma swój szczyt działania, nie eliminując się wzajemnie. Najczęściej wstrzykuje się je dwa razy dziennie. Należy dobrze znać działanie takiej mieszanki, ponieważ wymagają spożywania posiłku przed szczytem działania poszczególnych insulin składowych.

Insulina w praktyce

Insulina jest białkiem. Jako białko nie może być podawana doustnie, ponieważ zostałaby strawiona w żołądku i jelitach, musi zatem być dostarczana do organizmu w formie zastrzyku. I tu pojawia się pierwszy stres. Mało kto reaguje pozytywnie na zwykły zastrzyk. A cóż dopiero, kiedy ten zastrzyk trzeba sobie zaaplikować, trudno bowiem w sytuacji, gdy musimy przyjmować insulinę codziennie, a nawet kilka razy, być uzależnionym od drugiej osoby. Należy zatem nauczyć się robić je samemu.

Insulinę wstrzykuje się podskórnie, a miejsca jej podawania trzeba regularnie zmieniać, w przeciwnym razie mogą powstawać zrosty i guzki podskórnych, które zaburzają wchłanianie insuliny. Zmiany miejsca nie powinny być chaotyczne, bo łatwo się wtedy pogubić. Można przyjąć zasadę: o każdej porze dnia inne (określone wcześniej) miejsce lub najpierw kilka dni prawa strona, potem tyle samo dni lewa itp. Naj-

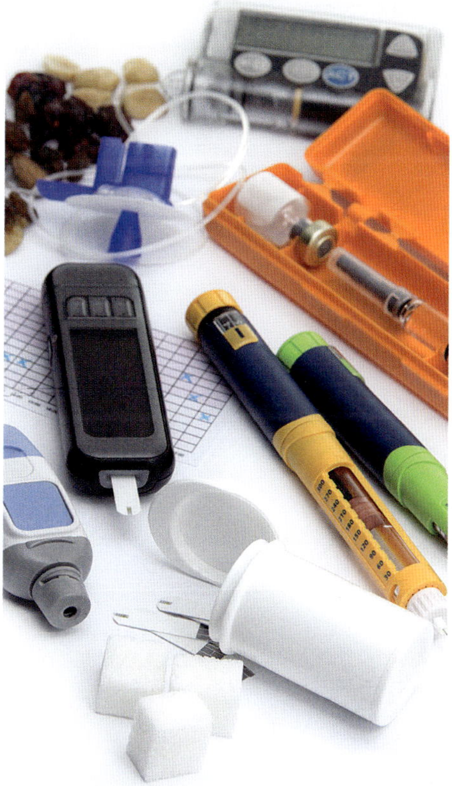

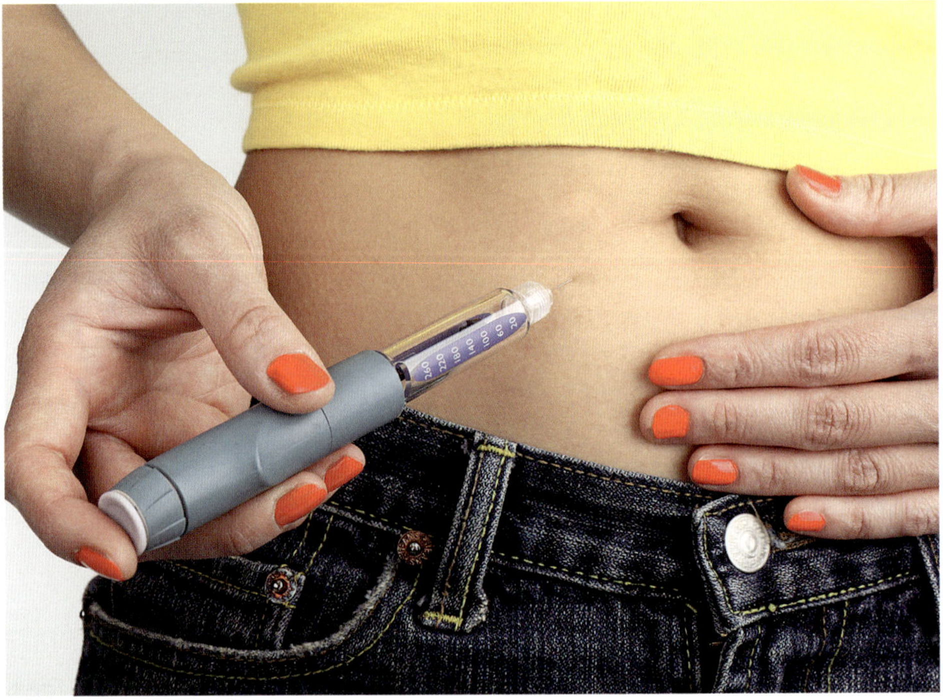

lepsze miejsca na zastrzyk to powłoki brzuszne, powierzchnia ud, pośladki oraz ramiona. Najszybciej wchłania się insulina z powierzchni brzucha poniżej pępka, nieco wolniej z powierzchni pośladków, a najwolniej wstrzyknięta w udo. Należy o tym pamiętać, stosując różne rodzaje insuliny i te szybko działające wstrzykiwać w okolice brzucha, a preparaty o działaniu długim i pośrednim w udo lub pośladki.

Metody wstrzykiwania

W dzisiejszych czasach metody wstrzykiwania insuliny są cały czas udoskonalane. Można korzystać z tradycyjnych metod, czyli stosować strzykawki i igły lub stosować bardziej nowoczesne metody, jak peny, bezigłowe wstrzykiwacze czy pompy insulinowe.

Tradycyjne zastrzyki Wciąż są jeszcze powszechnie używane, zwłaszcza że stosowane strzykawki i igły znacznie odbiegają od tych używanych kilkanaście lat temu. Strzykawki są jednorazowego użytku, cienkie, ze skalą w jednostkach insulinowych. Igły są cienkie i krótkie, utrudniające przebicie się do mięśnia. Najbezpieczniejsze są 6- i 8-milimetrowe. Obecnie nie zaleca się także tworzenia fałdu skórnego – igłę wprowadza się pod lekkim kątem w warstwę tłuszczu podskórnego (chyba że jest to osoba bardzo szczupła!). Jeżeli igła przebije się głębiej i insulina zostanie podana do mięśnia, znacznie szybciej się wchłania, szybciej działa i może prowadzić do hipoglikemii. Należy wtedy kontrolować cukier.

Peny Pen to wstrzykiwacz automatyczny, mający kształt pióra (długopisu) i zaopatrzony w dobrze widoczną skalę. Insulina do penów znajduje się w specjalnych wkładach (fiolkach), które montuje się jak naboje w prawdziwych piórach - szybko i bezproblemowo. Wkłady te są niewielkie, podobnie zresztą jak samo urządzenie, a insulina ma stężenie 100 jednostek na mililitr. Najczęściej stosowane wkłady zawierają 3 ml z 300 jednostkami insuliny lub 1,5 ml ze 150 jednostkami insuliny, tak więc wystarczają na kilka dni. Na rynku są peny produkowane przez różne firmy i w związku z tym różnią się między sobą. Najważniejsze różnice dotyczą sposobu ustawiania dawki insuliny, dlatego zawsze, stosując pen, a już szczególnie zmieniając firmę, należy dokładnie zapoznać się z instrukcją obsługi. Igły do penów są jednorazowego użytku. Niestety, w praktyce pacjenci często używają tej samej igły kilka razy, np. do wymiany fiolki, co może być niebezpieczne. Oczywiście igły kosztują, ale w miarę możliwości nie oszczędzajmy na własnym zdrowiu. Insulina w igle może ulegać krystalizacji i nawet jeżeli są to ilości mikroskopijne, mogą być przyczyną podawania niewłaściwej dawki. Igła ulega stępieniu, co powoduje dyskomfort podawania zastrzyku oraz pojawiania się mikrourazów skóry. Istnieje ponadto ryzyko infekcji.

Bezigłowe wstrzykiwacze insuliny Ich działanie polega na wtłoczeniu hormonu pod dużym ciśnieniem. Nie są to jeszcze urządzenia rozpowszechnione, a ich „bezbolesność" jest przez niektórych chorych podważana.

Kilka ważnych zasad podawania insuliny

- Insulinę lub mieszankę w formie zawiesiny (nieprzezroczystą) wymieszaj przez intensywne potrząsanie. Insuliny przeźroczystej nie miesza się.
- Usuwaj ewentualne powietrze ze strzykawki (igłę należy przestrzyknąć).
- Przemywaj miejsce wkłucia wodą z mydłem, nie ma potrzeby dodatkowej dezynfekcji skóry przed zastrzykiem.
- Nie wyciągaj natychmiast po zastrzyku igły, aby uniemożliwić wypłynięcie insuliny (policz do 10).
- Jeżeli po wyjęciu igły wypłynie kropla insuliny, nic się nie dzieje, jeżeli więcej – skontroluj poziom cukru.
- Jeżeli po wyjęciu igły pojawi się kropla krwi, zdezynfekuj miejsce wkłucia.
- Nie masuj miejsca po zastrzyku, gdyż może to przyspieszyć wchłanianie.
- Pamiętaj, że w wyższej temperaturze otoczenia następuje szybsze wchłanianie insuliny – ma to znaczenie podczas letnich upałów czy po gorącej kąpieli.

> Insulinę przechowujemy w lodówce w temperaturze 4-8°C. Nie wolno jej zamrażać ani narażać na przegrzanie. Po zauważeniu jakichkolwiek zmian w wyglądzie zewnętrznym insuliny nie należy jej używać. Insulina umieszczona w penie może znajdować się w pomieszczeniu o temperaturze pokojowej, ale z dala od kaloryfera czy miejsca bezpośredniego działania promieni słonecznych. Należy pamiętać, że insulina w penie może znajdować się do 30 dni. Po tym czasie nabój insulinowy z resztką hormonu trzeba usunąć i wymienić na nowy.

Pompa insulinowa Jest to niewielkie urządzenie zawierające pojemnik z insuliną oraz zestaw infuzyjny (zwany wkłuciem), na który składa się dren oraz kaniula. Kaniulę umieszcza się w tkance podskórnej brzucha, a pojemnik z insuliną nosi się na zewnątrz ciała, np. na pasku. Wkłucie musi być wymieniane co trzy dni i umieszczane w innym miejscu. Ilość oraz przedziały czasowe insuliny podawanej przez pompę zostają zaprogramowane. Na początku zawsze przez lekarza, z czasem, po przeszkoleniu i zdobyciu doświadczenia w obsłudze tego urządzenia może to robić pacjent. Pompę programuje się tak, aby naśladowała wydzielanie insuliny przez zdrową trzustkę - tzw. wlew podstawowy. Dodatkowo po ustaleniu dawki można podać tzw. bolus posiłkowy odpowiadający naturalnemu zwiększeniu wydzielania insuliny po posiłku.

Bardzo ważna jest świadomość, że pompa insulinowa nie decyduje o ilości insuliny sama. Ona jest zaprogramowana i nie ma zdolności samodzielnej reakcji na zmiany w poziomie cukru we krwi chorego. Pacjent musi więc być dobrze przeszkolony w obsłudze urządzenia, umieć przeliczać ilości spożywanych węglowodanów, kontrolować poziom cukru we krwi, aby odpowiednio reagować. Nowocześniejsze pompy mają różne dodatkowe funkcje, np. możliwość obliczenia ilości insuliny w krwiobiegu, możliwość pomiaru poziomu cukru w tkance podskórnej czy ustawienie alarmu na wypadek gwałtownego spadku lub wzrostu poziomu cukru. Odbywa się to za pomocą specjalnego sensora umieszczanego w tkance podskórnej.

Niestety wciąż dużą przeszkodą w stosowaniu pompy insulinowej jest jej cena. Waha się ona w przedziale 8000-20 000 zł. I nie jest to tylko jednorazowy wydatek - dochodzi do tego jeszcze oprzyrządowanie pompy, czyli wkłucie i dren, które należy zmieniać co trzy dni, oraz ewentualny sensor, który zmienia się co siedem dni. Cena takiego oprzyrządowania wynosi 350-400 zł miesięcznie, a sensora - 150 zł za sztukę. Obecnie (zgodnie z rozporządzeniem Ministra Zdrowia z dnia 6.12.2013) osoby do 26 roku życia cierpiące na cukrzycę typu 1 oraz kobiety ciężarne mają zestawy infuzyjne w liczbie 10 sztuk na miesiąc refundowane w 100% (do 300 zł), osoby powyżej 26 roku życia z cukrzycę typu 1 – w 70%. Jeżeli chodzi o pompę insulinową, to również można się starać o refundację: częściową lub 100%. Przysługuje ona osobom do 18 roku życia, z cukrzycą typu 1, na mocno zaawansowanym poziomie choroby (powikłania, choroby współistniejące, niestabilność glikemii). Niestety, nawet jeżeli te kryteria są spełnione, chory zostaje wpisany na listę oczekujących. Nie należy jednak rezygnować i warto zasięgnąć informacji, gdzie i kto może takie zlecenie refundacji wystawić. Niektóre firmy farmaceutyczne umożliwiają wypożyczenie pompy insulinowej, aby chory mógł się z nią zapoznać i sprawdzić jej przydatność w konkretnej sytuacji, a ewentualny zakup rozkładają na raty.

W związku z tym, że cukrzyca typu 1, a na późniejszych etapach także cukrzyca typu 2 wymagają wstrzykiwania insuliny, wciąż trwają badania nad jej sprawniejszym działaniem i ulepszoną formą podawania. Przykładem jest produkt farmaceutyczny Afrezza, dopuszczony na rynek amerykański na początku 2015 roku. Jest to insulina krótko działająca, czyli stosowana przed jedzeniem podawana w formie wziewnej. Szybko rozprzestrzenia się w płucach i przenika do krwiobiegu w ciągu 12–15 minut.

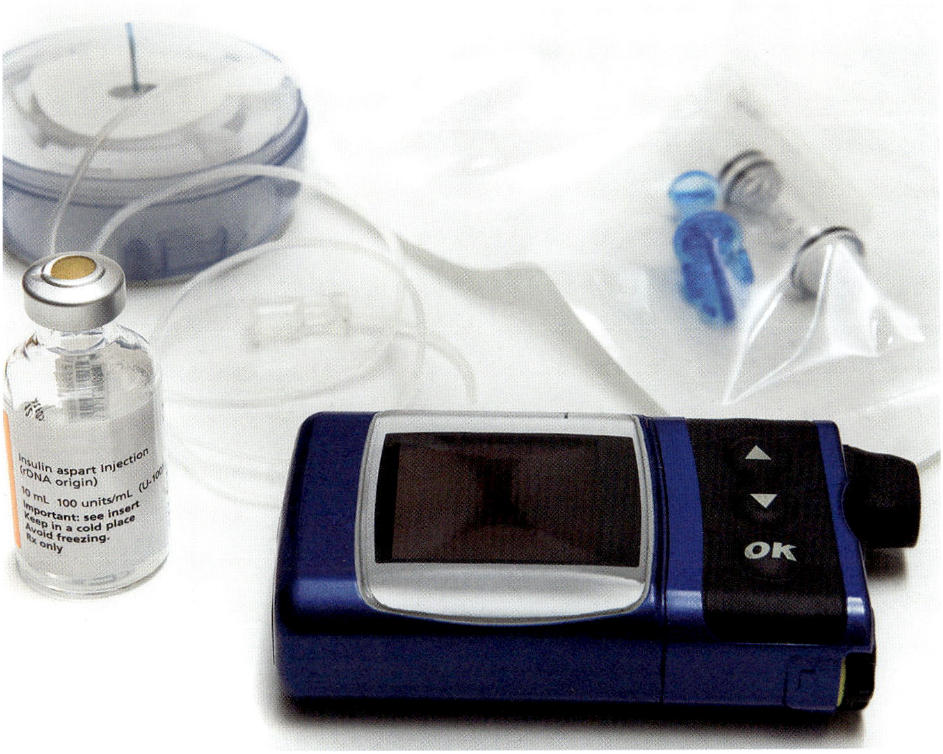

POWIKŁANIA W CUKRZYCY

Cukrzyca to zaburzenia poziomu glukozy we krwi. Glukoza to podstawowe źródło energii dla każdej komórki naszego organizmu, dlatego też zaburzenia gospodarki cukrowej mogą skutkować poważnymi powikłaniami - ostrymi lub przewlekłymi. Opisując je w niniejszym podrozdziale, chcemy przede wszystkim uzmysłowić ich istnienie i podkreślić fakt, że stanowią one realne zagrożenie dla zdrowia oraz życia osób cierpiących na tę chorobę. Równocześnie jeszcze raz chcemy podkreślić, że świadomość ich istnienia, wczesne wykrycie, wdrożenie diety, wysiłku fizycznego oraz leczenia farmakologicznego (jeżeli potrzeba) oraz regularnie powtarzane badania mogą znacznie ograniczyć i spowolnić pojawianie się powikłań.

POWIKŁANIA OSTRE

Powikłania ostre to zaburzenia będące bezpośrednim zagrożeniem życia. Nieleczone w porę, mogą prowadzić do śmierci chorego.

KWASICA I ŚPIĄCZKA KETONOWA

Jest to ostry zespół zaburzeń przemiany węglowodanowej, tłuszczowej i białkowej oraz równowagi kwasowo-zasadowej. Powstaje w wyniku gwałtownego i dużego niedoboru insuliny. Jej brak uniemożliwia komórkom organizmu pobieranie i wykorzystanie glukozy. Szukając innego źródła energii, komórki wykorzystują tłuszcze zmagazynowane w tkance tłuszczowej. Produktem ubocznym rozkładu tłuszczy są ciała ketonowe (w praktyce jest to aceton, beta-hydroksymaślan czy acetylooctan). Ich podwyższony poziom w organizmie jest bardzo niebezpieczny, ponieważ zaburza fizjologiczne procesy życiowe. We krwi natomiast nadal utrzymuje się wysoki poziomem glukozy, pojawia się wielomocz (wydalanie moczu w ilości przekraczającej 3 l na dobę; norma to 2–2,5 l), dochodzi do odwodnienia i zaburzenia elektrolitów; szczególnie dotyczy to poziomu potasu w surowicy krwi.

Kwasica ketonowa może wystąpić w każdym typie cukrzycy, ale często jest jednym z pierwszych objawów cukrzycy typu 1. **Objawy** mogą się pojawiać stopniowo lub gwałtownie, ale nigdy w mgnieniu oka. Należą do nich:

- nadmierne pragnienie,
- suchość jamy ustnej,
- zmęczenie, zawroty i ból głowy,
- nudności, bóle brzucha i wymioty,
- bóle w klatce piersiowej,
- zaburzenia świadomości aż do stanu śpiączki,
- charakterystyczny tzw. oddech Kussmaula – znacznie głębszy i przyspieszony (określany także jako oddech gonionego psa),
- nieprzyjemny zapach acetonu z ust chorego.

Osoba chorująca na cukrzycę najczęściej jest przeszkolona, jak reagować, i jeżeli w porę rozpozna objawy, jest w stanie pomóc sobie sama. Znacznie gorzej wygląda sytuacja w przypadku osób które nie są jeszcze świadome choroby, pierwsze objawy kwasicy ketonowej są bowiem bardzo podobne do objawów zatrucia pokarmowego i infekcji przewodu pokarmowego.

Przy jakimkolwiek podejrzeniu (np. wcześniej utrzymujące się pragnienie, wielomocz czy zapach acetonu), należy natychmiast skontaktować się z lekarzem lub pojechać do szpitala. Lepiej pomylić się w diagnozie na korzyść chorego, niż zlekceważyć objawy. W międzyczasie, jeżeli to możliwe, należy takiej osobie podawać wodę z cytryną, która ma działanie odkwaszające, ale płyn trzeba podawać małymi porcjami, gdyż wypicie dużej ilości może spowodować wymioty. Zaniedbanie kwasicy ketonowej może doprowadzić do śpiączki cukrzycowej i śmierci, której przyczyną jest obrzęk mózgu.

HIPOGLIKEMIA (NIEDOCUKRZENIE)

Hipoglikemia to zmniejszenie stężenia glukozy we krwi. Za wartość progową przyjmuje się 3,0 mmol/l (55 mg/dl), ale powikłanie to rozpoznaje się już przy obniżeniu glukozy poniżej 3,9 mmol/l (70 mg/dl). Przyczyną mogą być: zbyt duża dawka leku doustnego lub insuliny, zbyt duża przerwa między posiłkami, spożycie mniejszej ilości pokarmu, gwałtowny i intensywny wysiłek fizyczny (nawet do 24 godz. po

takim wysiłku), spożycie alkoholu, silny stres czy gwałtowne chudnięcie.

Niedocukrzenie daje **kilka typowych objawów**, takich jak:

- osłabienie,
- nudności oraz wymioty,
- uczucie głodu i niepokoju,
- zaburzenia oddychania i koordynacji ruchowej,
- pocenie się,
- senność.

Nadejście wstrząsu hipoglikemicznego można więc przewidzieć i miliony diabetyków doskonale potrafi to robić. Niezbędna jest jednak znajomość jego objawów oraz obserwacja własnego organizmu.

Hipoglikemia dzieli się na trzy rodzaje w zależności od stopnia radzenia sobie z nią, co oczywiście ma związek z objawami.

Hipoglikemia łagodna

Chory radzi sobie sam, dostarczając odpowiednią porcję glukozy. Należy stosować cukry proste, które trafiają do krwiobiegu w ciągu kilku minut. Może to być glukoza w tabletkach lub napoju (jeżeli ma się stwierdzoną cukrzycę, należy takie preparaty posiadać; można je kupić w aptekach), kostka cukru, cukier z saszetki, ewentualnie słodzony cukrem napój. **Podstawowe objawy to**: głód, ból głowy, mrowienie, kołatanie serca.

Hipoglikemia umiarkowana

Chory wymaga pomocy drugiej osoby, która dostarczy odpowiedniej porcji glukozy (jak wyżej). Z powodu silniejszych objawów niż w stanie łagodnym, chory nie jest w stanie zrobić tego sam. Ma nudności, zaburzenia widzenia i koordynacji, ogarnia go senność, pojawiają się trudności w mówieniu.

Hipoglikemia ciężka

Wymaga hospitalizacji. Chory traci świadomość i przytomność.

W miarę trwania choroby u pacjentów pojawia się osłabienie zdolności odczuwania objawów niedocukrzenia. Może to być spowodowane uszkodzeniami układu nerwowego wegetatywnego (ta część układu nerwowego, która unerwia narządy wewnętrzne, wywołując reakcje niezależne od woli) oraz często powtarzającymi się hipoglikemiami.

ZESPÓŁ HIPERGLIKEMICZNO-HIPEROSMOLALNY (HIPERMOLALNY)

Zespół ten charakteryzuje się bardzo wysoką glikemią bez obecności ciał ketonowych. Ich powstawanie hamowane jest przez resztkowe wydzielanie insuliny, której jest za mało, aby zapobiec hiperglikemii. Występuje najczęściej u chorych na cukrzycę typu 2, przeważnie u osób starszych, u których nastąpiło późne zdiagnozowanie choroby, złe leczenie, nieprawidłowe zażycie leków (np. nasilających objawy cukrzycy). Zespół hiperglikemiczno-hipermolalny jest także możliwy w cukrzycy typu 1. Często wywoływany jest przez infekcje bakteryjne, ciężkie zakażenia, którym towarzyszy odwodnienie, ostre choroby sercowo-naczyniowe (udar mózgu, zawał serca), upojenie alkoholowe czy silny stres.

POWIKŁANIA PRZEWLEKŁE

Ryzyko powstania tych powikłań zależy w dużym stopniu od czasu wykrycia choroby, leczenia oraz stopnia jej kontroli. Samokontrola, wysoka dyscyplina w kwestii diety, wysiłku fizycznego czy higieny znacznie spowalnia rozwój powikłań. Pewien wpływ na ich pojawianie się mają też uwarunkowania genetyczne, palenie tytoniu czy nadciśnienie.

Powikłania przewlekłe dzielą się na dwie kategorie:

- **mikroangiopatie**, których przyczyną jest uszkodzenie małych naczyń krwionośnych. Należą do nich: nefropatia, neuropatia i retinopatia;
- **makroangiopatie** – przyczyną jest uszkodzenie dużych naczyń krwionośnych. Należą do nich: choroba niedokrwienna serca, choroba naczyniowa mózgu, stopa cukrzycowa.

NEFROPATIA CUKRZYCOWA

Jest to uszkodzenie kłębuszków nerkowych (ich zadaniem jest filtrowanie i usuwanie zbędnych produktów przemiany materii z organizmu) w wyniku przewlekłej glikemii. To uszkodzenie prowadzi do stopniowej niewydolności nerek, która może zakończyć się dializą, a nawet przeszczepem. Pierwszym objawem jest obecność albumin w moczu (albuminuria), czyli małych cząsteczek białka, następnie pojawia się białkomocz, czyli obecność w moczu także dużych cząsteczek. Wczesne wykrycie albuminurii daje szansę na zatrzymanie albo przynajmniej znaczne spowolnienie procesu uszkodzenia nerek. W przypadku stwierdzenia cukrzycy typu 1 badania przesiewowe w kierunku albuminurii zlecane są po pięciu latach trwania choroby. W cukrzycy typu 2 należy je wykonać w chwili rozpoznania, ponieważ nie ma pewności, kiedy ta choroba rozpoczęła swoje niszczące działanie. Badania powinny być powtarzane co roku.

Niewielkie ilości białka w moczu nie zawsze muszą być powodem do niepokoju. **Za normę uznaje się**: < 30 mg/24 godz. albumin, < 150 mg/24 godz. białka. **Za wartości poważnie zwiększone uznaje się**: > 300 mg/24 godz. albumin, > 500 mg/24 godz. białka.

NEUROPATIA CUKRZYCOWA

Jest to jedno z najczęstszych powikłań, a polega na uszkodzeniu komórek nerwowych, czyli neuronów. Nadmiar cukru we krwi powoduje zniszczenie osłonek mielinowych włókien nerwowych, osłabienie tempa przewodzenia impulsów, a nawet zanik neuronów. Występuje w obu typach cukrzycy, przy czym w typie 2 rozwija się stopniowo, natomiast w typie 1 może się pojawić gwałtownie, po ujawnieniu się choroby. Pierwsze objawy to osłabienie wrażliwości na temperaturę, ukłucie czy dotyk. Z czasem odwrotnie: skóra staje się bardzo wrażliwa na dotyk, często swędzi lub piecze.

Wyróżniamy neuropatię czuciowo-ruchową i neuropatię autonomiczną, a podział ten opiera się na tym, która część układu nerwowego uległa uszkodzeniu.

Neuropatia czuciowo-ruchowa

Nazywana także neuropatią bólową, jest osłabieniem nerwów obwodowych, czyli znajdujących się w skórze i mięśniach. Występują mrowienia, drętwienia, bolesne kurcze mięśni, ostre napady bólu, osłabienie czucia. Zaburzenia te nie mają związku z wysiłkiem fizycznym i mogą się pojawiać np. w nocy podczas snu.

Neuropatia anatomiczna

Dotyczy osłabienia nerwów układu autonomicznego, czyli unerwiającego narządy wewnętrzne: układ krążenia, przewód pokarmowy, układ moczowo-płciowy. W zależności od lokalizacji zmian może powodować zaburzenia pracy serca, nieprawidłowe ciśnienie tętnicze krwi, omdlenia, zaburzenia perystaltyki jelit, zaparcia czy biegunki, zaburzenia oddawania moczu, suchość pochwy u kobiet i zaburzenia wzwodu, a nawet impotencję u mężczyzn. U chorych z neuropatią częściej dochodzi do powstania stopy cukrzycowej.

ZESPÓŁ STOPY CUKRZYCOWEJ

W wyniku neuropatii ruchowej i czuciowej dochodzi do osłabienia, a nawet zaniku mięśni, zaburzenia odczuwania bólu, temperatury czy dotyku w stopach, a choroba naczyń obwodowych prowadzi do uszkodzenia naczyń krwionośnych i niedokrwienia stopy. Chory ma znacznie słabszą wrażliwość skóry, przez co nie odczuwa skaleczeń, otarć czy ucisku. Dodatkowo znacznie osłabiony jest proces gojenia. Wszystko to przy zaniedbaniu leczenia cukrzycy może prowadzić do zakażeń, owrzodzeń oraz obumierania tkanek głębokich stopy, a w efekcie do amputacji stopy. Aby zapobiegać tak ostrym powikłaniom, należy przy każdej wizycie badać stopy, a w warunkach domowych poddawać je szczególnej higienie (zob. s. 39). W przypadku zaistniałych infekcji i problemów stosuje się odpowiednie antybiotyki, interwencje chirurgiczne obejmujące usuwanie martwych tkanek, drenaż czy specjalistyczne opatrunki. Amputacja to ostateczność.

RETINOPATIA CUKRZYCOWA

Jest to uszkodzenie wzroku związane ze zwyrodnieniami w naczyniach siatkówki. W wyniku hiperglikemii zaburzony jest przepływ krwi, siatkówka jest niedotleniona, naczynia ulegają uszkodzeniu. Powoduje to pogorszenie widzenia, potem jego upośledzenie,

a w końcowym etapie może doprowadzić do utraty wzroku. Bardzo ważne są więc systematyczne wizyty u okulisty, które umożliwią szybkie wykrycie pojawiających się nieprawidłowości zarówno w naczyniach siatkówki, jak i nerwie wzrokowym. Powikłanie to rozwija się w obu typach cukrzycy.

W przypadku **cukrzycy typu 1** badanie okulistyczne należy przeprowadzić najpóźniej po pięciu latach od pojawienia się choroby, a następnie zwiększać częstotliwość, gdyż niemal u wszystkich rozwija się po ≥ 15 latach. Przy **cukrzycy typu 2** badanie okulistyczne wykonuje się natychmiast po wykryciu choroby. W przypadku stwierdzenia braku oznak retinopatii kolejne badanie wykonuje się po roku, przy małym jej nasileniu co 6 miesięcy, a przy dużym co 3 miesiące. **U kobiet z cukrzycą ciążową** wzrok kontroluje się co miesiąc. Pierwsze badania obejmują ocenę ostrości wzroku, rozpoznawania barw, badanie dna oka (oftalmoskopia) oraz fotografię barwną dna oka.

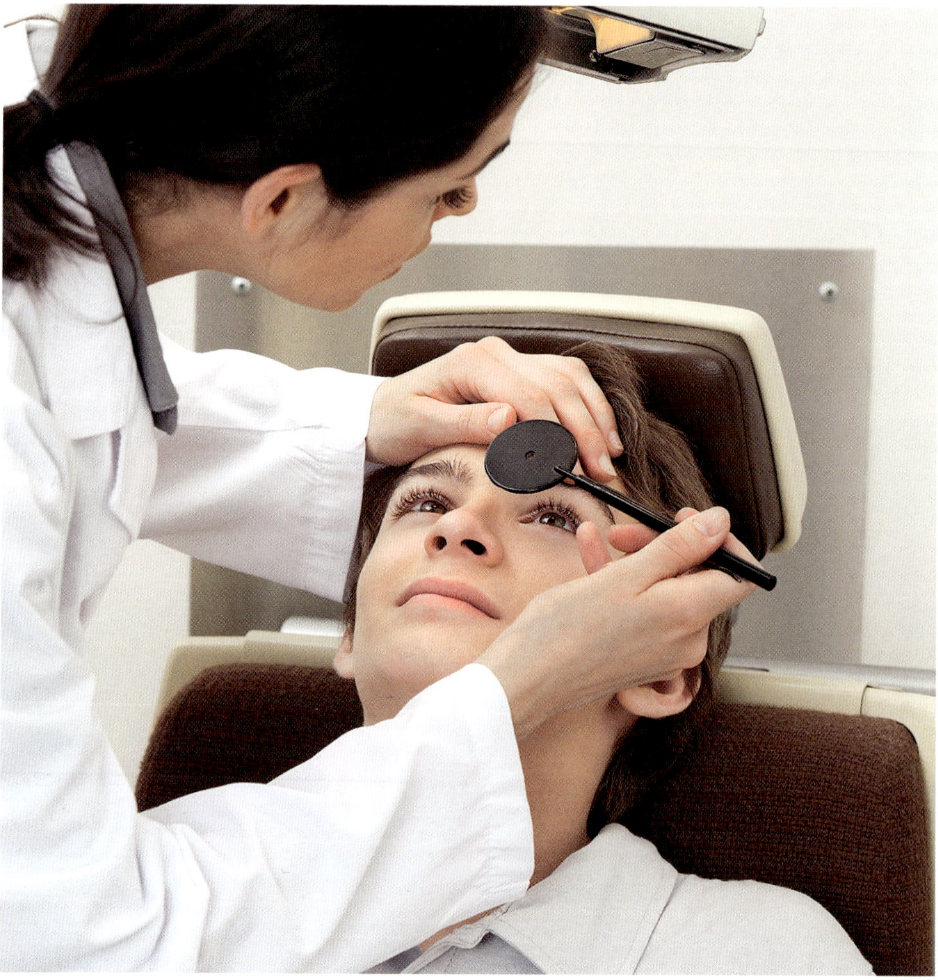

Retinopatia cukrzycowa dzieli się na kilka typów, z których najważniejsze to:

- retinopatia nieproliferacyjna, która oznacza mniej zaawansowane zmiany i ma mniej poważny wpływ na wzrok, ale mimo to musi być regularnie monitorowana,
- retinopatia przedproliferacyjna objawiająca się obrzękiem i krwawieniem siatkówki, które zaczynają utrudniać widzenie,
- retinopatia proliferacyjna, kiedy to chory widzi w sposób nieostry. Może ona doprowadzić do ślepoty.

CHOROBA NIEDOKRWIENNA SERCA

Choroba jest spowodowana zwężeniem tętnic wieńcowych, czyli naczyń doprowadzających krew do mięśnia sercowego. Główne objawy to: ból w klatce piersiowej w okolicy mostka, opisywany jako piekący, palący. Choroba ta może prowadzić do zawału serca (martwicy mięśnia sercowego).

CHOROBA NIEDOKRWIENNA KOŃCZYN DOLNYCH

Choroba jest spowodowana zwężeniem tętnic kończyn dolnych. Objawia się bólami nóg, szczególnie podczas chodzenia. Ból może dotyczyć całej kończyny lub tylko jej części (uda, pośladki, łydki), co ma związek ze stopniem zwężenia w poszczególnych odcinkach tętnic. Ból ustępuje po krótkim odpoczynku. Ponieważ chory cierpiący na to powikłanie w związku z odczuwanym bólem zatrzymuje się na odpoczynek, zdefiniowana jest jednostka zwana dystansem chromania. Jest to odległość pomiędzy dwoma punktami odpoczynku i stanowi istotną informację w diagnozowaniu tego powikłania. Utrzymujące się niedokrwienie kończyn może doprowadzić do martwicy obwodowych części stopy.

CHOROBA NACZYŃ OŚRODKOWEGO UKŁADU NERWOWEGO

Jest spowodowana zwężeniem naczyń krwionośnych w mózgu. Początkowo powoduje chwilowe niedowłady związane z przejściowym niedokrwieniem określonych obszarów mózgu, z czasem może doprowadzić do udaru mózgu.

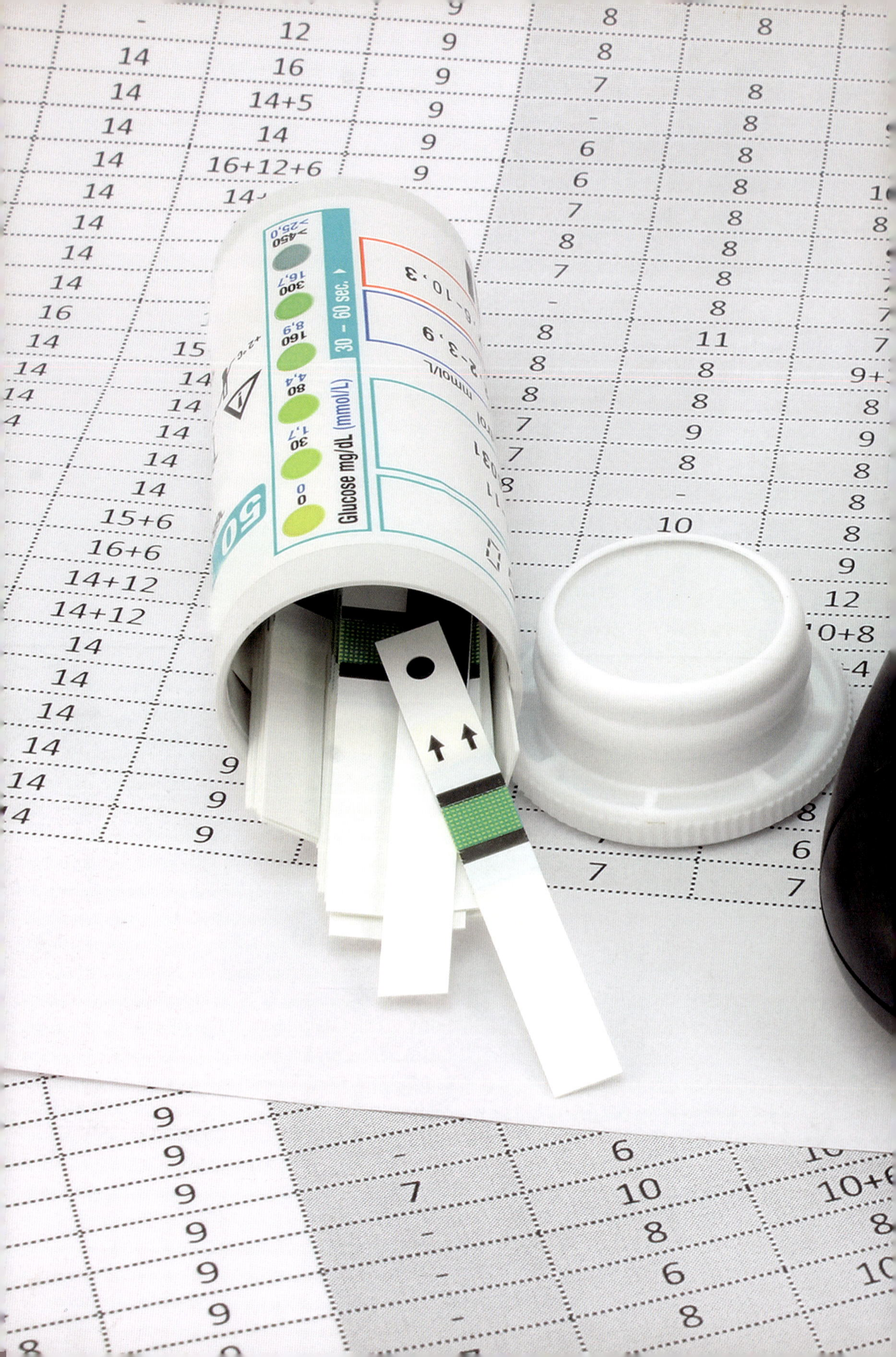
Glucose mg/dL (mmol/L)
30 – 60 sec.
50

SAMOKONTROLA W CUKRZYCY

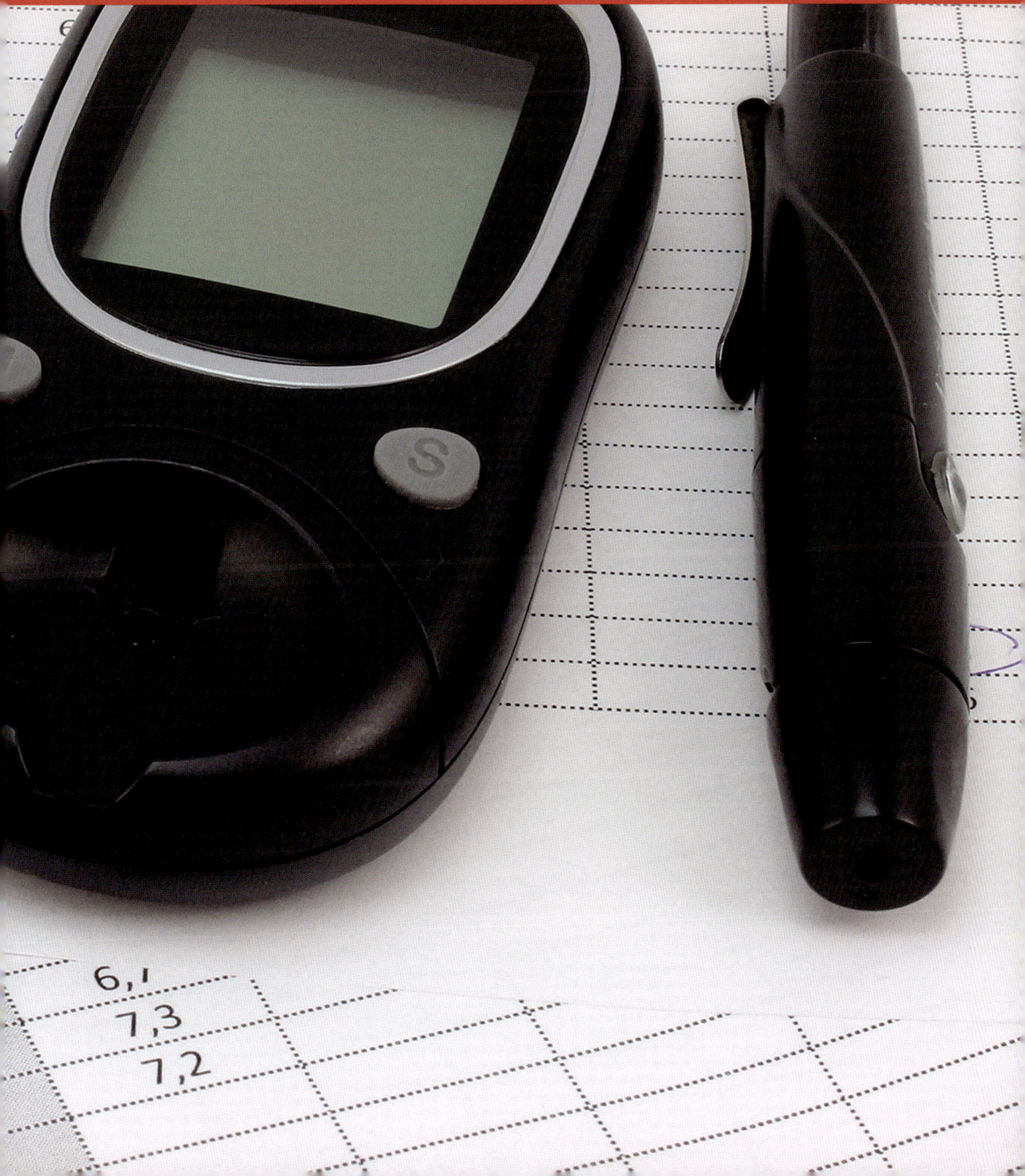

Sukces w leczeniu cukrzycy zależy w dużym stopniu od pacjenta, od jego zaangażowania. Jednym z ważniejszych elementów jest samokontrola, czyli wszystkie działania mające na celu kontrolę i wyrównywanie glikemii oraz zapobieganie pojawienia się i rozwoju powikłań. Celem samokontroli jest aktywne włączenie chorego oraz jego otoczenia w proces leczenia oraz ocena, czy stosowana terapia przynosi oczekiwane efekty.

Aby samokontrola była pełna i efektywna, należy zaopatrzyć się w kilka niezbędnych przyrządów: **glukometr, nakłuwacz, wagę spożywczą, wagę do pomiaru masy ciała, aparat do mierzenia ciśnienia, dzienniczek samokontroli**.

Z praktycznego punktu widzenia samokontrolę można podzielić na bierną i czynną. Bierna to zbieranie, dokumentowanie i analizowanie danych, czynna to próby świadomej modyfikacji poszczególnych elementów leczenia i obserwacja reakcji, np. wpływu różnego rodzaju wysiłku fizycznego na stężenie cukru we krwi czy modyfikowanie dawek insuliny, eksperymentowanie z dietą.

Elementy samokontroli w cukrzycy:

- oznaczanie poziomu cukru we krwi,
- oznaczanie stężenia glukozy i ciał ketonowych w moczu,
- pomiar ciśnienia tętniczego,
- obserwacja własnego ciała i analiza parametrów fizjologicznych (ciężar ciała, wzrost, obwód talii i bioder, pielęgnacja stóp),
- analiza diety, wysiłku fizycznego oraz ciągła edukacja,
- prowadzenie dzienniczka samokontroli,
- badania kontrolne w poradni diabetologicznej.

OCENA STĘŻENIA GLUKOZY

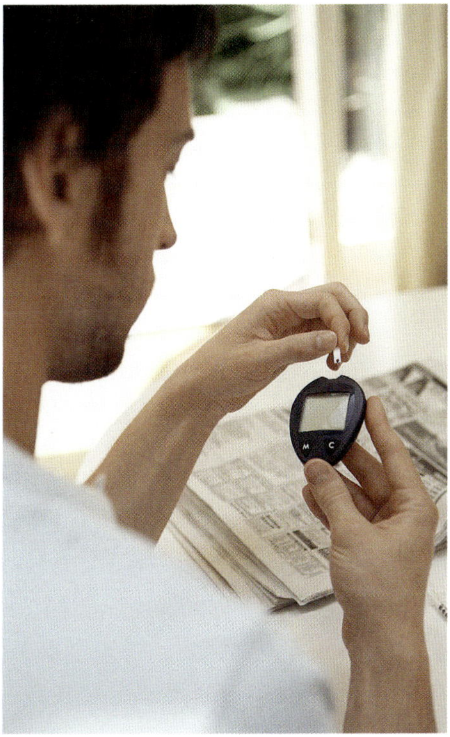

Ocena stężenia glukozy jest najważniejszym elementem samokontroli. Ten parametr rzutuje na całe dalsze postępowanie, gdyż wszystko musi dążyć do tego, aby stężenie glukozy we krwi było jak najbardziej zbliżone do normalnego (czyli do osiągnięcia normoglikemii).

Pomiar ten wykonuje się za pomocą **glukometru**. Jest to urządzenie nieduże, przenośne (więc zawsze można je mieć przy sobie), działające na baterie. Potrzebne są także specjalne jednorazowe paski testowe oraz urządzenie nakłuwające. **Paski testowe** umieszcza się w odpowiedniej szczelinie urządzenia, następnie nanosi się na nie kroplę krwi z naczyń włośniczkowych (najczęściej z opuszka palca) i po kilku sekundach pojawia się odczyt poziomu cukru. Nakłucia palca dokonuje się za pomocą **urządzenia nakłuwającego**. Najczęściej glukometry mają ściśle dopasowane paski testowe, ale należy pamiętać, że nawet gdyby pasowały paski innych firm, nie wolno ich używać, ponieważ odczyt może być zafałszowany.

Na rynku farmaceutycznym jest duży wybór glukometrów, a ponieważ osoby chore na cukrzycę, a także te, u których zdiagnozowano stan przedcukrzycowy, będą ich często używać, warto, żeby był łatwy w obsłudze, dopasowany do wymagań, a wyniki podawał w sposób prosty i zrozumiały. Przed zakupem warto zasięgnąć informacji w poradni diabetologicznej oraz na niezastąpionych w dzisiejszych czasach stronach internetowych, gdzie można znaleźć nie tylko parametry poszczególnych przyrządów, ale przede wszystkim opinie osób używających ich na co dzień.

Chorzy na cukrzycę typu 1 powinni przeprowadzać minimum 4–5 pomiarów dziennie (przy stosowaniu pompy insulinowej nawet do 10). Pomiar wykonuje się na czczo, przed głównymi posiłkami (minimum 3 razy) i 2 godziny po posiłkach. Powinno się także, zwłaszcza w początkowej fazie leczenia i ustalania dawek, wykonywać pomiary około godziny 1.00 w nocy, kiedy istnieje zagrożenie hipoglikemii, oraz między godz. 3.00–4.00 na ranem.

OCENA STĘŻENIA GLUKOZY ORAZ OBECNOŚCI CIAŁ KETONOWYCH W MOCZU

Ocenę wykonuje się za pomocą odpowiednich testów paskowych, które można kupić w aptekach. Zasada ich działania opiera się najczęściej na reakcji enzymatycznej próbki moczu, dającej barwny odczyt, który następnie porównuje się z odpowiednią skalą. Paski testowe zanurza się w próbce moczu. Po czasie wskazanym w instrukcji pola testowe ulegają zabarwieniu, które porównuje się ze wzorcem. Bardzo często dla ułatwienia wzorce barwne i odpowiadające im wartości liczbowe umieszczane są na butelce. Można kupić testy tylko na glukozę, tylko na ciała ketonowe lub łączne. Dostępne są także paski do pomiaru ciał ketonowych we krwi.

Zaleca się wykonywanie pomiaru glukozy w moczu 2–3 razy na dobę. Pory dnia i ilość moczu potrzebnego do przeprowadzenia kontroli ustala lekarz, ale najczęściej pomiaru dokonuje się rano na czczo, po 2 godzinach od przyjęcia leku i jedzeniu czy w zbiórce dobowej. Takie testy oraz testy na obecność ciał ketonowych są obowiązkowe przy wysokiej hiperglikemii, przy pojawieniu się objawów sugerujących kwasicę (nudności, wymioty, senność, suchość w ustach), przy infekcji, a także przy pojawieniu się jakiejś sytuacji mocno stresującej.

Kilka uwag dotyczących wszystkich pasków testowych

- Używaj pasków zawsze zgodnie z instrukcją producenta.
- Przechowuj w zamkniętych oryginalnych opakowaniach, otwieraj tylko tuż przed pomiarem.
- Nie przechowuj pasków w lodówce.
- Nie narażaj pasków na działanie promieni słonecznych, wysokich temperatur czy wilgoci.
- Jeżeli barwa pola testowego paska jest inna, niż podana dla wartości wyjściowej, nie używaj go.
- Nie dotykaj pola testowego.

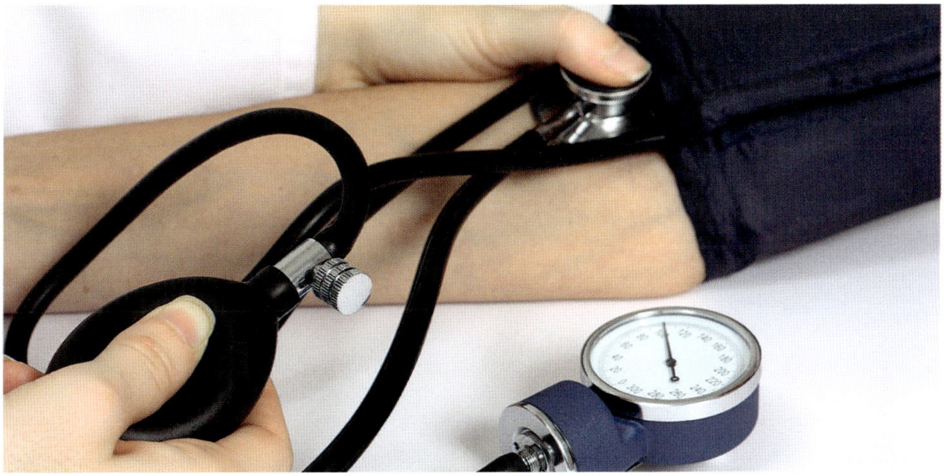

POMIAR CIŚNIENIA

Z wielu badań i obserwacji wynika, że chorzy na cukrzycę wykazują predyspozycję do rozwoju nadciśnienia. Dlatego też należy regularnie dokonywać pomiaru ciśnienia. W fazie choroby, w której ciśnienie jest jeszcze prawidłowe, pomiar wystarczy wykonywać raz na dwa miesiące. Jeżeli jednak stwierdzi się przynajmniej raz podwyższone ciśnienie, należy wprowadzić jego pomiar do codziennej samokontroli. Warto wtedy zaopatrzyć się we własny domowy ciśnieniomierz.

OBSERWACJA I EDUKACJA

Codzienna obserwacja własnego ciała jest konieczna, by jak najszybciej zauważyć niepokojące objawy (zmęczenie, nadmierna senność, gwałtowna utrata masy ciała lub odwrotnie - brak spadku masy ciała u osób otyłych czy z nadwagą). O pielęgnacji stóp już pisaliśmy (zob. s. 39), ale warto przypomnieć, że należy nosić wygodne obuwie, codziennie szczegółowo oglądać stopy, reagować szybko na wszelkie rany i skaleczenia oraz przeprowadzać codzienną pełną pielęgnację.

Ponieważ sukces w leczeniu cukrzycy i opóźnianiu pojawienia się powikłań zależy od aktywnego udziału pacjenta musi on być „na bieżąco" z chorobą. Należy systematycznie poszerzać wiedzę na temat diety (zob. s. 27) i wysiłku fizycznego (zob. s. 35).

DZIENNICZEK

To bardzo istotny element samokontroli, szczególnie ważny w przypadku dzieci i młodzieży z cukrzycą 1, których organizmy wciąż jeszcze dorastają i dojrzewają. Gotowe dzienniczki można dostać np. w poradni diabetologicznej, można także przygotować je samodzielnie. W zapiskach muszą się pojawić wszystkie dokonywane pomiary glikemii, liczba podawanych jednostek insuliny łącznie z dawkami korekcyjnymi, pomiar ciśnienia, pomiar ciężaru ciała, wzrostu, ale także wszelkie reakcje organizmu na wysiłek fizyczny, pojawiające się infekcje, sytuacje stresowe itp.

Dzienniczek pomaga lekarzowi w ustalaniu optymalnej metody leczenia, umożliwia wprowadzanie korzystnych zmian dotyczących diety, aktywności, leków czy dawek insuliny oraz zmniejsza ryzyko pojawienia się powikłań. Z kolei pacjenta uczy samodyscypliny, a przede wszystkim odczytywania sygnałów, jakie wysyła organizm. Zmniejszy to ryzyko pojawiania się sytuacji dla nas nieznanych i niebezpiecznych, a to z kolei pomoże zaakceptować chorobę, która będzie towarzyszyć nam już do końca życia.

BADANIA KONTROLNE

Oprócz samokontroli chorzy na cukrzycę powinni zgłaszać się regularnie do poradni diabetologicznej. Najczęściej pod koniec każdej wizyty ustalany jest termin następnej. Na początkowym etapie leczenia, kiedy nie jest ono jeszcze do końca ustalone, dobrze

jest pojawiać się w poradni co miesiąc. Z czasem, w miarę stabilizowania glikemii, poznania własnego ciała i jego reakcji oraz nabierania umiejętności kontroli i korekty, częstotliwość wizyt może ulec zmniejszeniu. Na pewno warto zgłosić się do lekarza, jeśli pojawią się niepokojące objawy, zbyt duże wahania stężenia cukru we krwi czy inne choroby lub infekcje. Oprócz rutynowego badania w czasie każdej wizyty (np. wzrost, waga, ciśnienie tętnicze) wykonywane są badania dodatkowe, np. raz do roku (poziom cholesterolu, trójglicerydów, kreatyniny, badanie okulistyczne).

CUKRZYCA A CIĄŻA

Poruszając temat cukrzycy u kobiet w ciąży, mamy na myśli dwie sytuacje: cukrzycę przedciążową oraz cukrzycę ciążową.

CUKRZYCA PRZEDCIĄŻOWA

Dotyczy kobiet, u których rozpoznano chorobę, zanim zaszły w ciążę. Cukrzyca nie jest przeciwwskazaniem do urodzenia dziecka, ale zawsze ciąża taka jest określana jako ciąża wysokiego ryzyka i musi przebiegać pod opieką zespołu diabetologiczno-ginekologicznego. Należy pamiętać, że ryzyko dotyczy zarówno matki, jak i płodu. Dlatego też ciąża powinna być dobrze zaplanowana, a przygotowania do niej należy rozpocząć już nawet 3–6 miesięcy wcześniej. Należy zadbać o wyregulowanie gospodarki węglowodanowej, wyleczenie wszystkich ognisk zapalnych, a ewentualne przewlekłe powi-

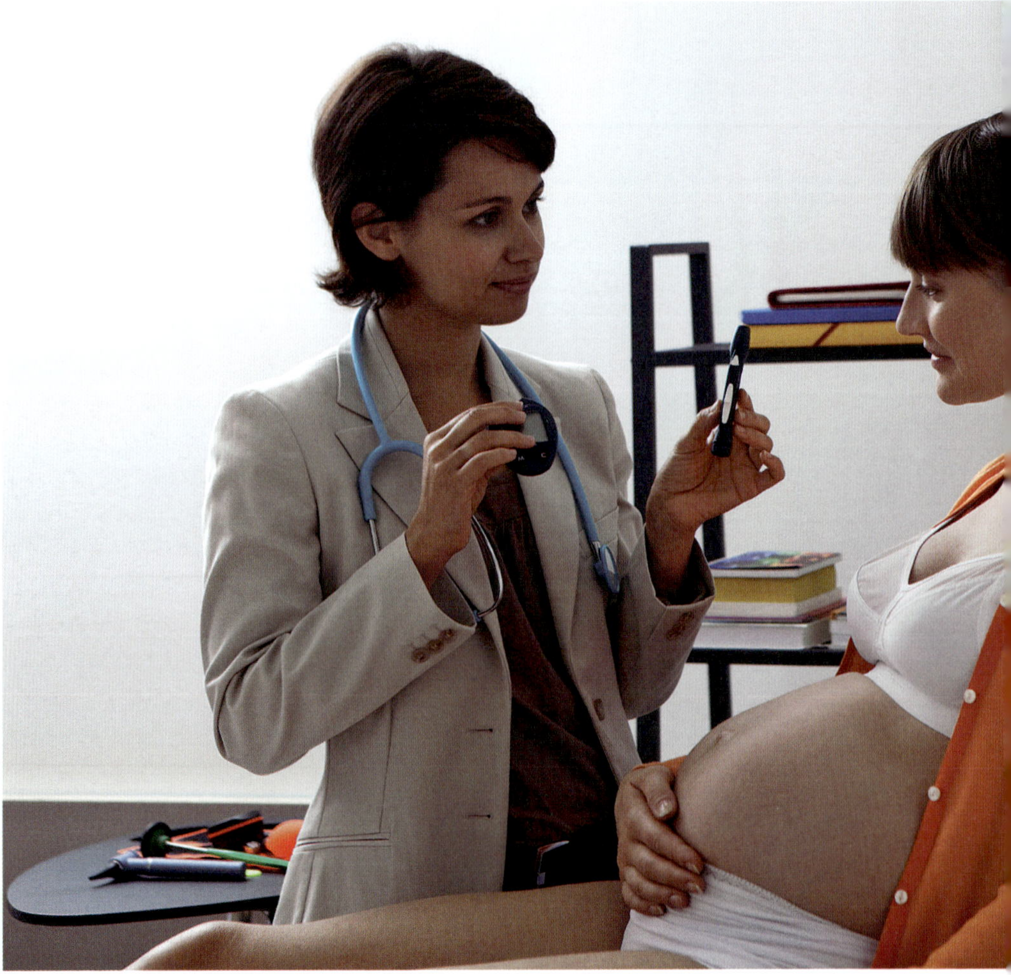

kłania powinny być leczone. Konieczne jest wykonanie szczegółowych badań w kierunku ewentualnych powikłań, jak np. badanie neurologiczne, badanie określające wydolność nerek, badanie okulistyczne czy badanie pracy serca. Badania zleca lekarz prowadzący.

Bardzo ważne jest także, by przyszła matka ustabilizowała styl życia pod kątem odpowiedniej aktywności fizycznej oraz diety. Oczywiście najczęściej osoby z cukrzycą leczoną wcześniej ten aspekt życia mają już dobrze opanowany, ale należy pamiętać o wzbogaceniu diety w związku z ciążą o np. witaminy czy kwas foliowy.

CUKRZYCA ROZPOZNANA PODCZAS CIĄŻY

Dotyczy przypadków, kiedy hiperglikemia stwierdzona zostaje dopiero podczas ciąży, najczęściej przy pierwszych badaniach. W zależności od kryteriów można ją zdefiniować jako cukrzycę w ciąży lub cukrzycę ciążową.

Cukrzyca w ciąży jest chorobą, na którą kobieta cierpiała już wcześniej, ale nie została u niej wykryta – np. nie stwierdzono obecności typowych objawów czy nie wykonywano rutynowych badań. **Cukrzyca ciążowa** pojawia się w okresie ciąży i jest konsekwencją zmian regulacji przemiany materii wywołanych hormonami. Ta cukrzyca najczęściej przechodzi wkrótce po porodzie. Rozróżnienie rodzaju cukrzycy najczęściej opiera się na interpretacji otrzymanych wyników i kryteriów przez właściwego lekarza. Niezależnie jednak, czy jest to cukrzyca ciążowa, czy też wcześniej niewykryta, należy natychmiast podjąć leczenie. Konieczna jest konsultacja, podczas której ustala się dietę cukrzycową, ewentualnie dawki insuliny czy dodatkowe środki farmakologiczne. Jest to bardzo ważne, ponieważ doustne leki przeciwcukrzycowe są przeciwwskazane w okresie ciąży.

CUKRZYCA I CIĄŻA

W przypadku ciąży kobiety chorej na cukrzycę, jak i pojawienia się cukrzycy w ciąży zachodzi podwójna relacja: cukrzyca wpływa na przebieg ciąży, ale także ciąża wpływa na przebieg cukrzycy.

CIĄŻA → CUKRZYCA

W ciąży wzrasta stężenie hormonów antagonistycznych wobec insuliny, czyli powodujących wzrost stężenia glukozy (działanie diabetogenne). Do hormonów tych należą: laktogen łożyskowy, prolaktyna, hormon luteinizujący, kortyzol, a według niektórych autorów także estrogen i progesteron. Działanie tychże hormonów powoduje insulinooporność, spadek tolerancji na glukozę, zwiększa zapotrzebowanie na insulinę i może przyspieszać rozwój powikłań.

CUKRZYCA → CIĄŻA

Glukoza ma zdolność przenikania przez łożysko zgodnie z gradientem stężeń, czyli ze środowiska o wyższym stężeniu do środowiska o mniejszym stężeniu. We krwi płodu stężenie glukozy jest około 20–30 mg% mniejsze niż we krwi matki. Wysoki poziom glukozy we krwi matki powoduje więc zwiększenie stężenia glukozy (hiperglikemię) we krwi płodu, co w konsekwencji może powodować makrosomię płodu (nadmierna masa płodu w stosunku do wieku ciąży wywołana rozrostem tkanki tłuszczowej) czy jego niedojrzałość. Niebezpiecznym zjawiskiem jest też przenikanie przez łożysko przeciwciał p/insulinowych, które wiążą insulinę płodu i mogą uszkadzać komórki β trzustki płodu. Zaniedbana i nieleczona cukrzyca matki bywa bardzo groźna – może prowadzić do obumarcia płodu, wystąpienia wad wrodzonych ośrodkowego układu nerwowego czy wad układu sercowo-naczyniowego oraz przedwczesnych porodów. Makrosomia płodu, szczególnie nierozpoznana, może prowadzić do urazów okołoporodowych. Noworodki matek chorych na cukrzycę mogą wykazywać pewne zaburzenia metaboliczne tuż po porodzie, a w wieku starszym skłonność do otyłości i pojawienia się cukrzycy.

Czynniki ryzyka cukrzycy ciążowej:
- ciąża po 35 roku życia,
- wielorództwo,
- urodzenie wcześniej dziecka o masie powyżej 4 kg,
- wcześniejszy zgon wewnątrzmaciczny,
- nadcisnienie tętnicze,
- BMI ≥ 27 kg,
- występowanie cukrzycy typu 2 w rodzinie,
- przebycie cukrzycy ciążowej we wcześniejszej ciąży.

Należy mieć pełną świadomość, że cukrzyca może być groźna dla ciąży i płodu i powodować szereg negatywnych następstw. Trzeba jednak podkreślić, że jeśli choroba znajduje się pod kontrolą, nie jest przeciwwskazaniem do zajścia w ciążę. Wczesne rozpoznanie cukrzycy i właściwa opieka diabetologiczno-położnicza dają szansę na urodzenie zdrowego potomstwa i zmniejszenie powikłań. Trzeba więc zachować czujność, wykonywać zalecone badania, reagować na wszelkie objawy charakterystyczne dla cukrzycy. Podejmując decyzję o ciąży, warto także wcześniej wykonać badanie poziomu cukru.

DZIEDZICZENIE CUKRZYCY

Brak jednoznacznie określonego sposobu dziedziczenia tej choroby. Zachorowalność na cukrzycę warunkowana jest wielogenowo i wieloczynnikowo, dlatego można mówić raczej o pewnych predyspozycjach, które mogą być dziedziczone. Obecnie znanych jest nawet kilka genów podatności, co oznacza, że osoba będąca nosicielem tych genów jest obarczona większym ryzykiem rozwoju choroby. W przypadku cukrzycy typu 1 taka predyspozycja genetyczna może przy-

czynić się do zadziałania czynnika wyzwalającego, który uruchomi rozwój procesów autoimmunologicznych będących przyczyną tego typu cukrzycy. Takimi czynnikami mogą być np. infekcje wirusowe. Cukrzyca typu 2 wydaje się być nieco bardziej uwarunkowana genetycznie. Naukowcy zdefiniowali kilka mutacji genowych wiążących się z ryzykiem zachorowania na cukrzycę. Są to geny zaangażowane w metabolizm glukozy, które kontrolują produkcję glukozy, produkcję insuliny, „oszacowanie" poziomu glukozy w ciele czy regulują działalność insuliny. Żadna z tych mutacji nie wywołuje jednak cukrzycy samodzielnie. Zachodzi tutaj silna interakcja z czynnikami środowiska, takimi jak np. żywność, toksyny, infekcje, aktywność fizyczna. W tym

typie cukrzycy ryzyko genetyczne ściśle wiąże się ze stylem życia, który bardzo często jest „dziedziczony". Rodzice aktywni, dbający o kondycję fizyczną i właściwe odżywianie przekazują taki styl życia swoim dzieciom. Natomiast rodzice źle się odżywiający, unikający ruchu, pozbawiają dzieci dobrych wzorców do naśladowania i narażają je na ujawnienie się ewentualnych predyspozycji genetycznych wywołujących cukrzycę. W każdym przypadku warto prześledzić genealogię rodzinną pod kątem osób cierpiących na cukrzycę i jeżeli występują w bliskim nam pokrewieństwie, warto zachować ostrożność, zwiększyć częstotliwość badań kontrolnych i w sposób krytyczny przyjrzeć się własnemu stylowi życia.

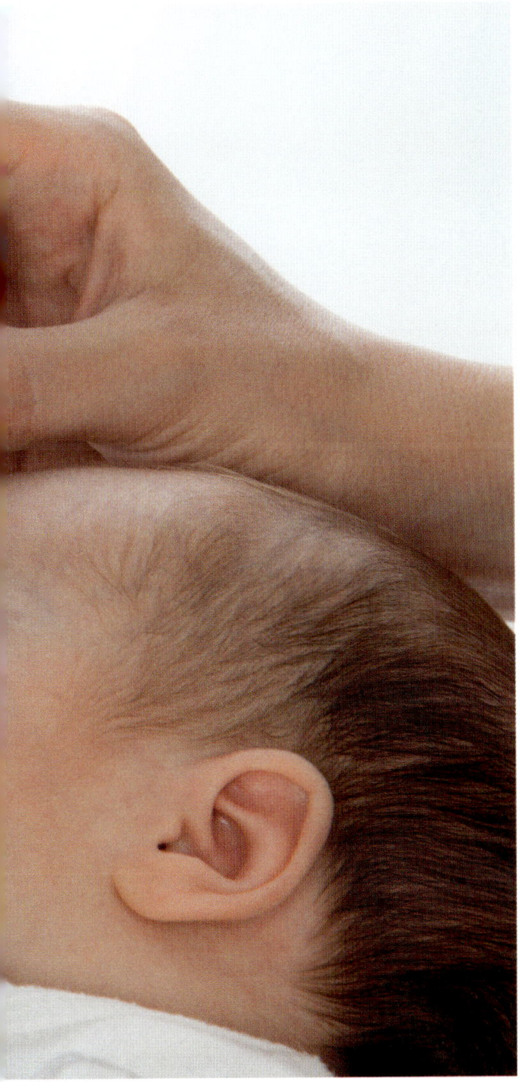

Genetycznie uwarunkowana jest natomiast cukrzyca typu MODY – związana z mutacjami genów, których ekspresja odbywa się w komórkach β trzustki. Geny te znajdują się na chromosomach autosomalnych, dlatego choroba dziedziczy się autosomalnie i dominująco, niezależnie od płci.

Kilka bardzo ogólnych danych statystycznych dotyczących ryzyka zachorowania dziecka

Cukrzyca typu 1
- matka z cukrzycą – 2%
- ojciec z cukrzycą – 8%
- obydwoje rodziców z cukrzycą – 30%
- brat lub siostra – 10%
- bliźniak jednojajowy – 40%

Cukrzyca typu 2
- matka lub ojciec – 15%
- obydwoje rodziców – 75%
- rodzeństwo – 10%
- bliźniak jednojajowy – 90%

Cukrzyca typu MODY
matka lub ojciec – 50%

ŻYCIE Z CUKRZYCĄ

CUKRZYCA W PODRÓŻY

Nie ma powodu, aby osoby chore na cukrzycę rezygnowały z podróżowania, choć oczywiście wymaga to odpowiednich przygotowań. Warto zasygnalizować te najważniejsze.

KONSULTACJA Z LEKARZEM

Konsultację należy przeprowadzić odpowiednio wcześniej, może się bowiem okazać, że konieczne będzie zaplanowanie pewnych zmian w dawkowaniu insuliny, związanych np. ze zmianą stref czasowych, zmianą ilości, czasu i rodzaju posiłków czy stresem towarzyszącym podróżowaniu. Konsultacja ułatwi podejmowanie ewentualnych późniejszych decyzji. Mogą być także potrzebne dodatkowe szczepienia wymagane w kraju, do którego się wybieramy, lub dodatkowe leki na wypadek np. niestrawności czy biegunki związanych z innym jedzeniem. Należy się w nie zaopatrzyć, gdyż nie zawsze będziemy mieć dostęp do produktów, do których jesteśmy przyzwyczajeni. Lekarz wystawi także odpowiednie zaświadczenie (wzory są do pobrania na stronach internetowych dla cukrzyków) potwierdzające chorobę, co umożliwi przewożenie dodatkowych środków medycznych czy insuliny (np. w samolotach). Nie zapomnijmy zabrać ze sobą także spisu leków, jakie zażywamy, oraz dodatkowych recept.

NA ZAPAS I WSZELKI WYPADEK

Należy zabrać ze sobą zapas wszystkiego, co jest nam potrzebne. Nie wystarczy tyle, ile zużywamy na co dzień, trzeba wziąć przynajmniej dwa razy więcej. Dotyczy to zarówno insuliny, jak i środków medycznych (igieł, wkładów, pasków testowych). Warto mieć zapasowy pen czy glukometr. Najlepiej rozdzielić wszystko do dwóch różnych bagaży - wówczas na wypadek uszkodzenia czy zagubienia jednego nie pozostaniemy bez niczego. Należy także zadbać o prawidłowy transport, szczególnie insuliny (chronić przed niskimi i wysokimi temperaturami, zamrożeniem, uszkodzeniem). Trzeba także zaopatrzyć się w przekąski, których wpływ na nasz organizm dobrze znamy. Pomogą nam przetrwać ewentualne opóźnienia i brak posiłku. Warto także zasięgnąć informacji i poinformować biuro podróży czy linie lotnicze, że chorujemy na cukrzycę. Jest duża szansa, że zapewnią nam posiłek przeznaczony dla osób z tą chorobą oraz zadbają o dostarczenie dodatkowego w sytuacji jakiegoś opóźnienia.

WŁAŚCIWE OBUWIE

Niezależnie od środka lokomocji należy dbać o stopy. Obuwie musi być wygodne. Jeżeli to możliwe, warto je zmieniać (a przynajmniej skarpetki) w trakcie podróży, zwłaszcza długiej. Jadąc długo w pozycji siedzącej, trzeba zadbać o możliwość zmiany pozycji stóp i w miarę możliwości poruszać nimi, aby poprawić ukrwienie.

IDENTYFIKATOR

Powinno się mieć przy sobie identyfikator medyczny informujący, że chorujemy na cukrzycę, oraz formularz zawierający historię choroby, w tym grupę krwi, spis zażywanych leków, spis chorób, na które cierpimy, informacje o alergiach oraz dane wraz z numerem telefonu naszego lekarza prowadzącego. Jeżeli udajemy się za granicę, najważniejsze informacje powinny być także w języku kraju, do którego jedziemy, albo przynajmniej w języku angielskim. Przydatne może być także nauczenie się lub wypisanie najważniejszych zwrotów.

EWENTUALNA POMOC MEDYCZNA

Należy ustalić, gdzie najbliżej od miejsca pobytu znajduje się pomoc medyczna. W czasach internetu takie informacje nietrudno zdobyć. Jeżeli wyjazd odbywa się w grupie, warto poinformować kogoś o chorobie i wyjaśnić mu, jak ewentualnie może nam pomóc. Jeżeli podróżuje się z kimś z rodziny, takiej konieczności pewnie nie ma, choć nie zaszkodzi, by ktoś jeszcze był zorientowany. Jeżeli zaistnieje nieprzewidziana sytuacja, zwłaszcza zagrażająca naszemu zdrowiu czy życiu (np. utrata insuliny), najlepiej udać się do najbliższego szpitala.

JEŚLI JESTEŚ KIEROWCĄ

- Przed rozpoczęciem jazdy zmierz poziom glukozy we krwi.
- Miej w zasięgu ręki przekąski - długa jazda to zawsze duży wysiłek fizyczny, który może obniżyć poziom cukru.
- Jak najmniej jedź nocą.
- Rób częste przerwy (co 2–3 godziny), a w ich trakcie zmierz poziom cukru.
- Jeżeli to możliwe, podróżuj z kimś, kto ewentualnie zmieni cię za kierownicą i pomoże w razie kłopotów.
- Zawsze gdy poczujesz się gorzej, zatrzymaj się. Im szybciej to zrobisz, tym lepiej.
- Insulinę i środki medyczne przewoź w specjalnym pojemniku utrzymującym stałą temperaturę. W samochodzie, szczególnie latem, łatwo o przegrzanie.
- Dbaj o stopy. Osoby z zaawansowaną cukrzycą mogą mieć słabe dotlenienie kończyn i osłabione czucie stóp, co może mieć wpływ na wyczuwalność pedałów.

DZIECKO Z CUKRZYCĄ

Cukrzyca dotyczy także dzieci. W większości przypadków występuje u nich cukrzyca typu 1, ale jak podają najnowsze dane statystyczne, rośnie zachorowalność na cukrzycę typu 2. Jest to związane z niekorzystnym wzorcem stylu życia, jaki obserwuje się u dzieci, szczególnie w Europie i Ameryce Północnej. Telewizja i komputery sprawiają, że dzieci częściej przebywają w domach, prowadząc mało aktywny tryb życia. Owszem, modne są tzw. zajęcia dodatkowe, ale często są one stabilne, np. gra na instrumencie, nauka języków. Jeżeli nawet są to zajęcia ruchowe, to zwykle odbywają się 2–3 razy w tygodniu po 1–2 godziny (karate, gimnastyka, taniec, gry zespołowe itp.). Rodzice, często zapracowani, zamiast zabrać dzieci na spacer czy przejażdżkę rowerem, wolą posadzić je przed telewizorem lub komputerem, by mieć chwilę wytchnienia. Dzieci są wożone samochodem, podjeżdżają autobusem (np. z domu do szkoły), a w szkole z błahych powodów zwalniane są z zajęć wychowania fizycznego. Starsze dzieci, zamiast długiego spaceru wolą się udzielać na Facebooku, wysyłać SMS-y czy surfować w Sieci. Do tego dochodzi jeszcze niekorzystna dieta, w której coraz więcej jest fast foodów i słodyczy, a coraz mniej warzyw i owoców. Dzieci zaczynają mieć nadwagę, stają się otyłe i pojawiają się u nich zaburzenia przemiany materii, prowadzące do licznych powikłań z zaburzeniami czynności wydzielniczej komórek β trzustki czy pojawieniem się oporności na insulinę włącznie. Najlepszą metodą zapobiegania jest dbanie o zdrowy tryb życia dziecka i zapobieganie nadwadze. Powszechna kilkanaście lat temu opinia, zgodnie z którą pulchne dziecko to zdrowe dziecko, jest już nieaktualna. Obecnie obowiązuje zasada, że zdrowe dziecko to szczupłe dziecko.

NIEPOKOJĄCE OBJAWY

Przy dzisiejszej wiedzy nie jest trudno rozpoznać cukrzycę typu 1 u dzieci w momencie wystąpienia widocznych objawów klinicznych. Wiadomo jednak, że pojawiają się one w dosyć mocno zaawansowanym stadium choroby, tj. wtedy gdy ponad 80% komórek β jest już zniszczonych. Wcześniejsze stadia choroby są właściwie niezauważalne, a proces rozwoju cukrzycy może trwać tygodnie, miesiące, a nawet lata. Na początku dziecko dużo pije, często biega do toalety, ale łatwo to wytłumaczyć aktywnością, zgrzaniem, przeziębieniem. Potem może pojawić się utrata masy ciała, ale to też może być przecież naturalna konsekwencja wzrostu dziecka czy też jego ruchliwości. Niepokój rodziców powinny natomiast wzbudzić negatywne zmiany zachowania tzn. spadek aktywności, łatwe męczenie się, smutek, ospałość, rozdrażnienie, brak chęci do zabawy czy nauki. Wszelkie obawy zawsze należy skonsultować z lekarzem, który zleci badania kontrolne. Może zdarzyć się tak, że objawy pojawią się nagle. Z badań klinicznych młodych diabetyków wynika, że choroba często ujawnia się kilka lub kilkanaście dni po infekcji (grypa czy angina), która staje się bodźcem wyzwalającym.

PO DIAGNOZIE

Metody leczenia cukrzycy u dzieci są takie same jak u dorosłych, tzn. opierają się na edukacji, leczeniu farmakologicznym z insuliną, diecie i aktywności fizycznej. Należy jednak mieć świadomość, że jest ono trudniejsze, ale nie ze względów praktycznych, a raczej psychoemocjonalnych. Dzieci mogą chorować już od niemowlęctwa, a edukacja musi być dostosowana do wieku pacjenta. Ponadto należy mieć świadomość, że wykrycie choroby to także ogromny stres dla rodziców. Ich życie zostaje przewrócone do góry nogami i całkowicie przewartościowane, pojawiają się obawy o przyszłość dziecka i całej rodziny. Rodzice muszą więc być w pełni i szczegółowo przeszkoleni, aby brak wiedzy nie przeszkadzał im w radzeniu sobie z nowym i, zwłaszcza na początku, niełatwym wyzwaniem. Im młodsze dziecko, tym bardziej leczenie cukrzycy jest zależne od rodziców.

To oni też wraz ze wzrostem pacjenta będą wdrażać go we wszystkie niezbędne zabiegi leczenia i samokontroli. Ważne zatem, aby rodzina została objęta pomocą i wsparciem od momentu postawienia diagnozy. Warto także, aby rodzice skontaktowali się z jakąś grupą wsparcia czy stowarzyszeniem, gdyż pomoc i doświadczenie osób borykających się z podobnym problemem są bezcenne. Adresy czy strony internetowe są dostępne w poradniach diabetologicznych, warto więc o nie zapytać.

OSWAJANIE Z CUKRZYCĄ

Niemowlę i dziecko do drugiego roku życia jest zdane wyłącznie na rodziców czy opiekunów. Samo nie zdaje sobie sprawy z choroby, a wszelkie zabiegi, szczególnie związane z podawaniem insuliny czy sprawdzaniem poziomu glukozy we krwi, odbiera w postaci bólu. Tutaj bardzo ważna jest świadomość rodziców, że nie krzywdzą swoich dzieci, tylko wykonują niezbędne zabiegi. Będą wtedy w stanie, przy konsultacji z lekarzem, wybrać środki i metody od-

powiednie dla swoich pociech, a zabiegi wykonywać sprawnie i szybko. Wraz z rozwojem dziecka należy rozwijać jego edukację. Wprawdzie trzy-, pięciolatkowi trudno jeszcze zrozumieć, co to jest choroba, ale powoli zaczyna pojmować, że pewne, nie zawsze przyjemne zabiegi, stanowią jego codzienność. Nie można dopuścić do tego, by nieprzyjemne odczucia, strach czy ból traktowało jako karę. Musi rozumieć, że jest to konieczne i dobre dla jego zdrowia. Od tego, jak zacznie, na tym pierwszym etapie pojmowania rzeczywistości, rozumieć swoją chorobę, zależy w dużym stopniu późniejsza jej akceptacja.

Dziecko w tym wieku jest bardzo ciekawe świata, otwarte, zadaje dużo pytań i potrzebuje właściwych odpowiedzi. Warto zaopatrzyć się w książeczki dotyczące choroby, w miarę możliwości dostosowane do wieku i jak najwięcej tłumaczyć. Niestety w tej tematyce rynek nie jest zbyt bogaty, ale można tu wspomnieć np. książkę „Życie cukrem pisane..." autorstwa Elżbiety Dębskiej z rysunkami Dominiki Zamarlik. Każdą samodzielną próbę samokontroli należy nagradzać, przy czym nie chodzi tu o nagrody materialne. Dla dziecka sam fakt pochwały, docenienia z ust rodziców czy starszego rodzeństwa jest ogromną nagrodą.

Z CUKRZYCĄ W SZKOLE

Kolejne problemy pojawiają się, gdy dziecko rozpoczyna edukację szkolną (lub jeszcze przedszkolną). Nie ma

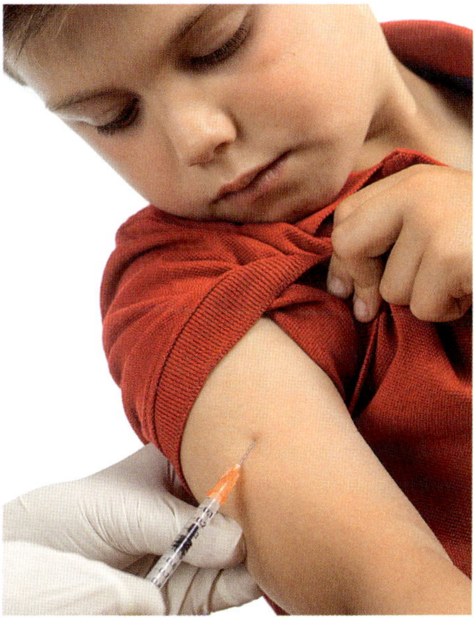

żadnych przeciwwskazań, aby uczęszczało do szkoły i było traktowane na równi z innymi uczniami pod względem intelektualnym i fizycznym. Spotyka się jednak z nowymi wyzwaniami – staje przed koniecznością znacznego usamodzielnienia się i przejęcia części odpowiedzialności za siebie. Przed pójściem do szkoły trzeba więc je do tego przyuczyć. Musi umieć zmierzyć poziom cukru we krwi, podać sobie insulinę, znać najbardziej niepokojące objawy i umieć na nie reagować. Pamiętajmy jednak, że to tylko dziecko, które – obciążone chorobą – znajduje się w nowym środowisku, gdzie chce funkcjonować jak inne dzieci. Potrzebuje akceptacji, zrozumienia, ale także wsparcia i pomocy. Oczywiście o chorobie dziecka szkoła musi zostać poinformowana. Rodzice powinni porozmawiać z wychowawcą i nauczycielami. Przejmują oni opiekę nad dzieckiem na kilka godzin w ciągu dnia, muszą więc wiedzieć, na czym polega choroba, jakie problemy mogą się pojawić, jak im zaradzić i jak pomóc dziecku. Należy mieć świadomość, że do niepokoju mają prawo zarówno rodzice, jak i nauczyciele. Tylko szczere i życzliwe rozmowy systematyczne kontakty obu stron zapewnią dziecku komfort i bezpieczeństwo. Obecnie dostępne są szkolenia, a także broszury informacyjne dla nauczycieli dotyczące opieki nad dziećmi z różnymi schorzeniami, w tym także z cukrzycą.

EDUKACJA DZIECI ZDROWYCH

Pojawienie się w klasie kolegi czy koleżanki robiących sobie zastrzyki, sprawdzających poziom cukru czy mających prawo „podjeść coś słodkiego", gdy innym nie wolno, może budzić niezdrową ciekawość, prowadzić do odrzucenia czy wyśmiewania się. Właściwe wyjaśnienie, na czym polega ta choroba i jakie są jej konsekwencje, oraz co może się wydarzyć przy zaniedbaniu leczenia, nie tylko pomaga zrozumieć sytuację, ale zachęca do wspierania chorego kolegi. Stają się wrażliwsi na niepokojące objawy, przypominają o koniecznych zabiegach i uczą się tolerancji.

Bardzo ważne jest także, by dziecko chore nie było faworyzowane, otaczane nadmiernym współczuciem i litością czy przesadnie chronione. Taka atmosfera na pewno nie sprzyja ani jemu, ani rówieśnikom, u których może wręcz wywoływać niechęć i brak zrozumienia.

CUKRZYCA I BUNT

Będąc rodzicami dziecka chorego, upewnijmy się, czy w jego klasie została odpowiednio przeprowadzona rozmowa z rówieśnikami. Zaniedbanie tej kwestii może skutkować buntem pacjenta, który z obawy przed odrzuceniem będzie rezygnował z zabiegów i kontroli. Zawsze należy mieć na względzie fakt, że dziecko, zwłaszcza nastolatek, przechodzi gwałtowne zmiany rozwojowe, emocjonalne i społeczne. Od etapu pełnej zależności od rodziców przechodzi w fazę, w której odczuwa potrzebę integracji i akceptacji w grupie rówieśników. Szuka własnego miejsca w życiu. Do tego jeszcze pojawiają się problemy z chorobą i lęk przed zaakceptowaniem „inności". Nie zawsze sami rodzice, wobec których dziecko też się buntuje, są w stanie poradzić sobie z jego problemami. Warto wtedy zasięgnąć porady psychologa, który powinien być aktywnym członkiem grupy terapeutycznej.

POMOC SPECJALISTÓW

W dzisiejszych czasach leczenie cukrzycy zmieniło się nieco w stosunku do ubiegłych lat. Opiera się o zespół diabetologiczny obejmujący nie tylko diabetologa, dietetyka, ale także psychologa, fizjoterapeutę i edukatora. Wspólnie ustalają metodę leczenia, dietę, formy aktywności. Wraz z rozwojem metod leczenia, przede wszystkim insulinoterapii czy edukacji, życie z cukrzycą staje się nieco prostsze. Nie ma tak restrykcyjnego ograniczenia tego, co spożywamy, ani ścisłego przestrzegania godzin posiłków. Oczywiście dieta musi być zgodna z zasadami zdrowego żywienia, ze szczególnym ograniczeniem cukrów i tłuszczy zwierzęcych. Ustalana jest jednak tak, aby dziecko mogło prowadzić normalny tryb życia, spożywać posiłki o różnych porach z uwzględnieniem tego, co lubi. Także wynalezienie pompy insulinowej (patrz str. 48) i jej ciągłe udoskonalanie znacznie poprawia komfort życia, ograniczając liczbę wkłuć, umożliwiając zapis danych, późniejszą ich analizę i czyniąc życie codzienne bardziej mobilnym.

Pamiętajmy, że tylko wtedy gdy dziecko czy młody człowiek będzie świadomie panować nad cukrzycą, a nie ona nad nim, będzie mogło realizować swoje zainteresowania oraz pasje i żyć pełnią życia.

CUKRZYCA W RODZINIE I W OTOCZENIU

Pojawienie się osoby chorej na cukrzycę w rodzinie wpływa w istotny sposób na jej pozostałych członków. Częściowo opisaliśmy ten problem w odniesieniu do dzieci, cukrzyca może jednak pojawić się u dorosłego członka rodziny. W każdej sytuacji trzeba chorobę poznać, nauczyć się objawów ostrych powikłań, jak hipoglikemia (zob. s. 17) czy kwasica ketonowa (zob. 52), tak aby pomóc choremu, nie wpadając w panikę. Trzeba także nauczyć się podawać insulinę, obsługiwać glukometr czy pompę insulinową, jeżeli chory taką stosuje. Zawsze to, co znamy, jest mniej straszne.

Trudno gotować i kupować wszystko osobno dla chorego i zdrowych, dlatego często konieczne są kompromisy, a nawet rezygnacja z niektórych przyjemności podniebienia. W przypadku diety może to wyjść na dobre wszystkim domownikom. Chwila refleksji nad tym, co się je, co jest szkodliwe, ile co ma kalorii czy węglowodanów w efekcie sprawi, że dieta stanie się zdrowsza.

Zdiagnozowanie cukrzycy u kogoś z bliskich to także moment, aby przyjrzeć się naszemu trybowi życia. Warto przemyśleć aktywność fizyczną i wprowadzić korzystne zmiany.

Chory, u którego zdefiniowano cukrzycę typu 1 i zaawansowaną cukrzycę typu 2, często musi prowadzić nieco inny tryb życia. Obligują go do tego np. iniekcje insuliny, pomiary glikemii czy bardziej ustabilizowane pory posiłków. Dlatego w życiu codziennym, tam gdzie jest to konieczne, należy powiadomić osoby, wśród których przebywamy, np. pracodawcę, współpracowników, pracowników administracyjnych. W przypadku dziecka rola ta spoczywa na rodzicach czy opiekunach. W przypadku osoby dorosłej to ona powinna przekazywać informacje tam, gdzie jest to niezbędne. Oczywiście należy pamiętać, że jakiekolwiek formy dyskryminacji z tego powodu są niedopuszczalne. Prawo do równego traktowania w miejscu pracy określone jest w przepisach dotyczących zatrudnienia (Kodeks pracy, Rozdział II a).

Należy także pamiętać, aby nie wykorzystywać faktu choroby do osiągania jakichkolwiek korzyści.

W grupie przyjaciół, znajomych, w grupach sportowych itp. obecność osoby chorej na cukrzycę wpływa na wzajemne relacje dwustronnie: osoba chora - osoba zdrowa. Pojawiają się więc pytania: jak powiedzieć, co powiedzieć i jak dużo? A z drugiej strony: jak zapytać, o co dopytywać i jak pomóc. Wszystko zależy od potrzeb, empatii i wzajemnej bliskości, podstawą jest jednak szczerość. Choroba nie jest niczym wstydliwym, a niedoinformowanie może być przyczyną nieporozumień i niedomówień. Nie bójmy się rozmawiać i pytać.

CUKRZYCA A PRACA ZAWODOWA

Cukrzyca nie jest chorobą, która uniemożliwiałaby aktywność zawodową. Chory może wykonywać każdą pracę, do której ma kwalifikacje.

W 2012 roku został podpisany dokument „Pracuj z cukrzycą. Karta Praw i Obowiązków Pracodawcy i Pracownika". Nad dokumentem tym pracowali przedstawiciele środowiska medycznego, osób chorych na cukrzycę, środowisko pracodawców. Określa on prawa i obowiązki chorych na cukrzycę oraz ich pracodawców.

Poniżej krótkie streszczenie zawartych w nim zasad:

- Pracownik z cukrzycą jest obowiązany do efektywnej kontroli choroby zarówno w domu, jak i w pracy (pomiar glikemii, przestrzeganie godzin posiłków, przyjmowanie leków), zobowiązany jest poinformować pracodawcę oraz współpracowników, aby w przypadku hiper- lub hipoglikemii mogli udzielić pomocy i zadbać o ciągłość pracy. Chory powinien także być świadomy przeciwwskazań do wykonywania pewnych zawodów czy zajmowania określonych stanowisk pracy (zob. niżej).
- Pracodawca musi mieć świadomość, że cukrzyca nie jest przeszkodą do wykonywania większości zawodów. Ma prawo wiedzieć o chorobie pracownika i musi umożliwić mu przestrzeganie zasad kontroli choroby (np. dodatkowy czas na posiłek, pomiar glukozy) oraz zapewnić właściwe stanowisko pracy (np. zwolnić ze zmianowości).

Istnieją dwa podstawowe ograniczenia zawodowe dla osób chorych na cukrzycę:

- możliwość incydentu hipoglikemii i związane z nią zaburzenia świadomości,
- możliwość powikłań cukrzycowych obniżających sprawność (np. zaburzenia widzenia).

Z tym wiążą się przeciwwskazania do wykonywania pewnych zawodów, w których należy wziąć pod uwagę fakt występowania cukrzycy. Chodzi tutaj o bezpieczeństwo samego chorującego, ale także osób, które z racji

Zawody, w których osoby chore na cukrzycę nie powinny pracować

- kierowca transportu publicznego (autobusy, pociągi naziemne i podziemne, taksówkarz, kierowca pojazdów ciężarowych typu TIR),
- pilot, kontroler ruchu lotniczego, personel pokładowy,
- pracownik służb państwowych i ratowniczych (policja, służba więzienna, straż pożarna, służby ochroniarskie, siły zbrojne),
- pracownik fizyczny, jeśli praca wymaga wyjątkowego wysiłku (np. przy wysokich temperaturach, na platformach wiertniczych, w górnictwie itp.),
- pracownik wykonujący pracę na wysokościach (dźwigi, rusztowania).

Jeżeli u osób wykonujących wyżej wymienione zawody zostanie zdiagnozowana choroba, należy umożliwić im przejście na bezpieczniejsze stanowisko.

wykonywanego przez osobę chorą zawodu, są od niego zależne. Decyzję wydaje lekarz medycyny pracy w oparciu o opinie lekarza diabetologa, która zależy od stopnia zaawansowania choroby i współistniejących powikłań.

CUKRZYCA A NAŁOGI

Nałogi to złe nawyki wpływające negatywnie na nasze zdrowie. Tym bardziej na zdrowie osób chorujących przewlekle, np. na cukrzycę.

PAPIEROSY

Palenie papierosów u osób chorych na cukrzycę ma jednoznacznie negatywny wpływ. Nikotyna obecna w papierosach podnosi poziom cukru we krwi, a podwyższony poziom cukru we krwi zwiększa ryzyko zawału serca, udaru mózgu, uszkodzenia nerwów czy niewydolności nerek. Osoby chore na cukrzycę są już obciążone zaburzeniami metabolizmu węglowodanów, a dodanie do tego czynnika, który te zaburzenia wzmacnia, powoduje zwielokrotnienie ryzyka powikłań.

Każdy chory, u którego zdiagnozowano cukrzycę typu 1, powinien natychmiast odstawić tę używkę. Rzucając palenie, nie można sięgać po środki wspomagające zawierające nikotynę, jak np. plastry antynikotynowe (jeżeli nie można sobie bez nich poradzić, powinny być stosowane tylko na wstępnym etapie odwyku), ponieważ zawarta w nich nikotyna wywiera podobny wpływ jak papierosy.

Wykazano także, że palenie papierosów zwiększa ryzyko zachorowania na cukrzycę typu 2. Średnia zachorowalność u palaczy wzrasta dwukrotnie. Przyczyna tkwi w tym, że nikotyna podnosi zjawisko insulinooporności, znacznie obciążając trzustkę i wymuszając zwiększoną produkcję insuliny.

ALKOHOL

Ostrożnie trzeba także postępować z alkoholem, zachowując znaczny umiar. Amerykańskie Towarzystwo Diabetologiczne (ADA) sugeruje, aby ilość ta nie przekraczała jednego drinka u kobiet i dwóch u mężczyzn.

Alkohol powoduje obniżenie poziomu glukozy we krwi. Gdy spada jej poziom, wątroba zaczyna uwalniać zapasy węglowodanów, zamieniając je na glukozę. Ta przedostaje się do krwi, gdzie zapobiega hipoglikemii. Jeżeli natomiast we krwi pojawia się alkohol, wątroba podejmuje proces usuwania go z organizmu. Jest to trucizna i dopóki nie zostanie usunięta, wątroba nie jest w stanie uwalniać glukozy. Dlatego, pozwalając sobie na alkohol, zawsze należy przed wypiciem spożyć posiłek – nie wolno pić na pusty żołądek. Z drugiej strony po bardzo obfitym posiłku alkohol może początkowo spowodować gwałtowny wzrost poziomu cukru we krwi, ale po pewnym czasie dojdzie do jego spadku. U niektórych osób powoduje utrzymujący się wysoki poziom cukru – jest to reakcja osobnicza. Najlepiej zjeść lekki posiłek przed spożyciem alkoholu, a w trakcie podjadać drobne przekąski. Należy także zwiększyć samokontrolę i częściej sprawdzać poziom cukru.

Kilka dodatkowych rad dotyczących spożywania alkoholu przez osoby z cukrzycą:

- W dniu spożycia alkoholu należy sprawdzić poziom glukozy we krwi przed snem i zjeść przekąskę. Uchroni to przed ryzykiem hipoglikemii podczas snu.
- Jeżeli dojdzie do hipoglikemii po spożyciu alkoholu, nie należy podawać glukagonu (np. w zastrzyku). Glukagon pobudza wątrobę do uwalniania glukozy, ale ta zajmuje się „odtruwaniem" organizmu i nie będzie reagować na ten hormon.
- Nie należy łączyć alkoholu z wysiłkiem fizycznym. Wysiłek pomaga obniżyć poziom glukozy we krwi. Proces ten trwa nawet po zakończeniu wysiłku, ponieważ mięśnie odbudowują zużytą energię. Wypicie alkoholu, np. piwa na ochłodzenie po meczu koszykówki, dodatkowo obniży ilość cukru, grożąc hipoglikemią.
- Należy wystrzegać się spożycia ilości alkoholu prowadzącej do upicia. Znacznie ogranicza to zdolność podejmowania decyzji i zdolność kontrolowania glikemii. Ponadto objawy niedocukrzenia przypominają nieco objawy upojenia alkoholowego (zaburzenia mowy, dezorientacja, senność), przez co mogą zostać pomylone i doprowadzić nawet do śmierci. Jeżeli w naszym otoczeniu jest osoba chora na cukrzycę i dojdzie do sytuacji upicia się, pod żadnym pozorem nie pozostawiajmy jej samej! Jeżeli jest taka możliwość, trzeba sprawdzać poziom glukozy we krwi (co godzinę) i reagować. Gdy nie ma możliwości takiej kontroli, lepiej zawieźć pacjenta do le-

karza, informując, że jest to osoba chorująca na cukrzycę. Podobnie trzeba postąpić, gdy podczas kontroli odczyty glikemii wykroczą poza wartości graniczne: < 90-100 mg/dl lub > 300-400 mg/dl.
- Częste picie alkoholu prowadzi do uszkodzenia wątroby, doprowadzając do poważnych zaburzeń produkcji glukozy.
- Należy wybierać trunki z mniejszą zawartością alkoholu i cukru (np. wino wytrawne), a do drinków dodawać soki bez cukru lub wodę.
- Jeżeli występują powikłania lub choroby towarzyszące, lepiej odstawić alkohol. Uszkadza on komórki nerwowe, przyspiesza retinopatię i powoduje wzrost ciśnienia. Zawiera ponadto „puste kalorie" i utrudnia utrzymanie właściwej wagi lub jej obniżenie w przypadku nadwagi.

CUKRZYCA I PRAWO JAZDY

Cukrzyca nie jest przeciwwskazaniem do kierowania pojazdami. Większość chorych może otrzymać prawo jazdy i to zarówno amatorskie, jak i zawodowe, chociaż jego uzyskanie jest nieco trudniejsze i bardziej czasochłonne. Cukrzyca to schorzenie, które może upośledzać zdolność do kierowania pojazdami, i musi to być wzięte pod uwagę podczas orzekania.

Dla celów orzeczniczych wyróżnia się dwie grupy kierowców:
- **amatorzy** – kierujący samochodem osobowym czy motocyklem dla celów osobistych (dojazd do pracy, do sklepu, na wakacje),
- **zawodowcy** – kierujący samochodem czy motocyklem w ramach obowiązków służbowych (samochody dostawcze, samochody komunikacji miejskiej).

W obydwu przypadkach obowiązują odpowiednie procedury, ale normy są znacznie bardziej zaostrzone w przypadku kierowców zawodowych. Decyzja zależy od stanu zdrowia chorego, stopnia zaawansowania cukrzycy (insulinozależna, insulinoniezależna) oraz etapu wykrycia cukrzycy (wykryta wcześniej i leczona, wykryta w czasie badań na prawo jazdy). Podejmowana jest w zasadzie przez trzech lekarzy, gdyż potrzebna jest opinia lekarza prowadzącego chorego na cukrzycę, diabetologa (obowiązkowy dla kierowcy zawodowego!) i lekarza uprawnionego do przeprowadzenia badań lekarskich osób starających się o prawo jazdy (decyzja ostateczna). Jeżeli cukrzyca jest leczona, ustabilizowana, pacjent zna i stosuje zasady samokontroli, wie co to jest hipoglikemia i umie ją rozpoznać, ma szansę na uzyskanie prawa jazdy.

Orzeczenie jest wydawane na pięć lat w przypadku kierowców amatorów, na trzy lata w przypadku kierowców zawodowych insulinoniezależnych i na rok w przypadku kierowców insulinozależnych.

Istnieją jednak pewne **przeciwwskazania** (Dziennik Ustaw Rzeczpospolitej Polskiej, poz. 133, Załącznik nr 4a) , które dzielą się na czasowe i bezwzględne.

- **Czasowe** – brak wiedzy o hipoglikemii i jej konsekwencjach oraz brak kontroli nad przebiegiem choroby. W przypadku kierowców zawodowych często wymagane jest udokumentowanie kontroli nad przebiegiem choroby przez lekarza prowadzącego.
- **Bezwzględne** – dla kierowców amatorów to nawracająca ciężka hipoglikemia (dwukrotny incydent spadku poziomu cukru poniżej 3,0 mmol/l = 55 mg/dl) i nieświadomość hipoglikemii (stan, w którym chory nie rozpoznaje incydentów niedocukrzenia), a dla kierowców zawodowych to jakakolwiek ciężka hipoglikemia (poniżej 3,0 mmol/l = 55 mg/dl), nieświadomość hipoglikemii oraz inne powikłania cukrzycowe, jak np. uszkodzenia nerwów układu autonomicznego (unerwiający narządy wewnętrzne), zawroty głowy, zaburzenia widzenia.

Jeżeli cukrzycę stwierdzi się podczas badania na prawo jazdy, decyzję podejmuje lekarz uprawniony. Jeżeli parametry są wysokie, np. HbA1c większe niż 8%, a cukrzyca wymaga leczenia insuliną, może istnieć obawa, że pacjent nie umie jeszcze przeprowadzać samokontroli i nie rozpoznaje objawów hipoglikemii. Wydanie prawa jazdy może być wtedy odroczone. Jeżeli pojawiły się czasowe przeciwwskazania, ponownie można się starać o prawo jazdy po sześciu miesiącach od spełnienia odpowiednich wymagań. Przy bezwzględnych przeciwwskazaniach można się odwołać, ale tylko raz. Druga odmowa jest już ostateczna i nie ma już możliwości zmiany decyzji.

PRZEPISY KULINARNE DLA CUKRZYKÓW

TWAROŻEK Z NOWALIJKAMI

1 kostka twarogu półtłustego • ½ szklanki jogurtu greckiego • 1 łyżka oleju lnianego • 1 pęczek rzodkiewki • 1 pęczek szalotki • kilka plasterków ogórka • kilka liści sałaty • szczypta słodkiej papryki • odrobina soli do smaku

Twaróg włożyć do miski, utrzeć z jogurtem i olejem lnianym, przyprawić solą i papryką. Następnie dodać pokrajaną w słupki rzodkiewkę i posiekaną szalotkę. Wymieszać. Ułożyć na liściach sałaty. Udekorować zieleniną i ogórkiem. Podawać z kromką świeżego razowca lub z chrupiącą grzanką razową.

KANAPKI Z MAKRELĄ, SAŁATĄ, RZODKIEWKĄ

4 kromki razowego chleba (żytniego lub pszennego) • ½ wędzonej makreli • 4 liście sałaty masłowej (tzn. zwykłej) • kilka rzodkiewek

Makrelę rozgnieść widelcem i położyć na chlebie. Udekorować sałatą i pokrojoną w plasterki rzodkiewką. Można podać na waflu pełnoziarnistym.

GRZANKA Z PASTĄ GUACAMOLE

4 kromki pieczywa razowego • 1 duże awokado (dojrzałe) • 2 pomidory • 2 łyżki oliwy z oliwek • 1 ząbek czosnku • sok z 1 limonki (lub z ½ cytryny) • odrobina soli do smaku • szczypta drobno posiekanej natki pietruszki

Kromki chleba zrumienić w tosterze. Obrane ze skórki dojrzałe awokado rozgnieść widelcem na talerzu. Pomidory sparzyć, obrać ze skórki, pokroić i udusić na oliwie. Czosnek przecisnąć przez praskę. Wymieszać składniki. Przyprawić odrobiną soli do smaku. Posmarować grzanki. Posypać natką.

PŁATKI ZBOŻOWE Z MALINAMI

1 szklanka płatków zbożowych • 1 szklanka malin • trochę jogurtu bałkańskiego • 1 łyżka oleju lnianego • lub masła • ½ łyżeczki cynamonu • szczypta imbiru • kilka kropel soku z cytryny • szczypta soli • ewentualnie suszona stewia

Na suchej patelni uprażyć mieszankę płatków (owsianych, orkiszowych, jęczmiennych) na złoty kolor. Zalać 2 szklankami letniej wody (i najlepiej pozostawić na noc). Następnie zagotować owsiankę (uzupełnić wodę, jeśli płatki wchłonęły całość) dodając 3 łyżki malin, przyprawy, masło lub olej, parę kropel cytryny. Gotować ok. 5 minut. Na talerzu posypać resztą malin i udekorować jogurtem.

SAŁATKA Z POMIDORÓW I JAJEK PRZEPIÓRCZYCH

2 pomidory • 5 jajek przepiórczych na twardo • kilka liści sałaty • kilka listków bazylii • 2 łyżki oleju lnianego • sok z ½ cytryny • odrobina soli do smaku

Umyte pomidory oczyścić z szypułek i pokrajać w ćwiartki. Jajka przepiórcze obrać i pokroić na połówki. Porozdzierane na małe kawałki liście sałaty ułożyć na dnie salaterki, na nich położyć ćwiartki pomidorów. Całość polać sosem z oleju, cytryny i odrobiny soli. Na wierzchu ułożyć połówki jajek i listki bazylii.

SŁONECZNE ŚNIADANIE

kilka liści sałaty • 1 pomidor • kilka rzodkiewek • 1–2 strąki papryki • 1 pęczek szalotki • 1 awokado • 1 jajko na półmiękko • parę łyżek jogurtu • 2 rzodkiewki • 1 ogórek konserwowy • trochę szczypiorku • kilka kropli soku z cytryny • odrobina soli do smaku • pieprz • papryka w proszku

Umyte, pokrojone według uznania warzywa ułożyć na talerzu na liściach sałaty. Przybrać połówkami jaj. Jogurt przyprawić sokiem z cytryny, startą rzodkiewką, ogórkiem i posiekanym szczypiorkiem, solą, pieprzem i sproszkowaną słodką papryką. Polać potrawę.

TOSTY Z MASŁEM ORZECHOWYM

4 kromki chleba razowego z ziarenkami • 4 łyżki masła orzechowego • 4 plasterki jabłka • cynamon

Pieczywo zrumienić w tosterze (lub na suchej patelni). Posmarować masłem orzechowym lub pastą sezamową. Na każdej kromce położyć oprószony cynamonem plasterek jabłka.

WANILIOWA KASZA JAGLANA

1 szklanka kaszy jaglanej • 1 szklanka mleka • ½ laski wanilii • ½ łyżeczki cynamonu • ewentualnie szczypta mielonego imbiru • 1 łyżka masła • stewia do posłodzenia

Wanilię rozetrzeć w moździerzu, dodać do mleka, zagotować. Kaszę sparzyć wrzątkiem i osączyć na sicie. Do garnka wlać 1 szklankę wody, dodać mleko z wanilią (ewentualnie szczyptę rozgrzewającego imbiru), wsypać kaszę. Gotować ok. 20 minut na wolnym ogniu (aż kasza wchłonie płyn i będzie miękka). Dodać masło, posłodzić stewią. Na talerzu można oprószyć cynamonem.

PLACUSZKI Z DYNI

100 g mąki orkiszowej pełnoziarnistej • 50 g zmielonych pestek dyni • 200 g puree z dyni • 4 łyżki oleju • 1 łyżeczka sody oczyszczonej • 250–280 g jogurtu naturalnego • 1 łyżeczka przyprawy do placka dyniowego: • ½ łyżeczki cynamonu • ¼ łyżeczki mielonego imbiru • szczypta mielonego ziela angielskiego lub goździków • szczypta gałki muszkatołowej

Połączyć puree, olej i jogurt. Dodać mąkę, przyprawy, sodę i dokładnie wymieszać. Smażyć z obu stron na beztłuszczowej patelni (lub na zwykłej posmarowanej pędzelkiem z oliwą). Podawać na ciepło z dodatkiem zmiksowanych owoców lub jabłka smażonego z cynamonem.

BRĄZOWY RYŻ Z JABŁKIEM I CYNAMONEM

1 szklanka brązowego ryżu • szczypta soli • 2 jabłka • garść płatków migdałowych • 1 łyżka masła • 1 łyżeczka cynamonu • ewentualnie • szczypta stewii

Ryż namoczyć na noc, przepłukać, osączyć na sicie. Zagotować 2 szklanki leciutko osolonej wody, wsypać ryż, wymieszać, doprowadzić do wrzenia, po czym zmniejszyć ogień do minimum. Po 20–25 minutach ryż powinien być miękki i wchłonąć całą wodę. Umyte jabłka pokroić w ćwiartki i zetrzeć na tarce o grubych oczkach. W rondlu roztopić masło, dodać starte jabłka, udusić na pół miękko. Migdały można podprażyć na suchej patelni. Do jabłek dodać migdały i cynamon, wymieszać. Na końcu wsypać ryż (i ewentualnie dosłodzić stewią). Delikatnie wymieszać.

FRITATA Z DYNIĄ

ok. 300 g miąższu dyni • 1 cebula • 4 jajka • ¼ szklanki mleka • oliwa z oliwek • kawałek (1 cm) korzenia imbiru • ½ łyżeczki ziół prowansalskich • sól • szczypta ostrej papryki • pomidorki koktajlowe, sałata i szalotka do dekoracji

Obraną cebulę posiekać i podsmażyć na oliwie (4 łyżki), dodać starty na grubej tarce miąższ dyni, starty na drobnej tarce imbir i dusić przez 5 minut. Następnie przełożyć masę na talerz, a patelnię umyć. Jajka ubić z przyprawami, wlać mleko, dodać podsmażoną dynię i delikatnie wymieszać. Na patelni rozgrzać 5 łyżek oliwy, wylać masę jajeczną. Smażyć na wolnym ogniu, podgarniając brzegi, aby jak najwięcej masy się ścięło. Po kilku minutach przykryć patelnię talerzem, obrócić do góry dnem, wykładając frittatę na talerz, po czym zsunąć ją z powrotem na patelnię, aby dosmażyć drugą stronę. Wyłożyć na półmisek udekorowany sałatą i pomidorkami, oprószyć posiekaną szalotką i świeżo zmielonym pieprzem.

ZUPA KREM Z BROKUŁU

1 średni brokuł • 1 cebula • ½ l bulionu warzywnego lub mięsnego • 3 ząbki czosnku • oliwa z oliwek • garść orzechów włoskich • sól, pieprz

Umyty brokuł podzielić na różyczki; łodygę obrać z twardej skórki i pokrajać w talarki – i ugotować na parze. Obraną cebulę drobno pokrajać i zeszklić na oliwie razem z czosnkiem. Odłożyć na talerz kilka różyczek brokułu, resztę wrzucić do garnka razem z zeszkloną na oliwie cebulą i czosnkiem. Zalać gorącym bulionem, zmiksować blenderem. Grubo posiekane orzechy uprażyć na suchej patelni na chrupko. Wsypać do zupy razem z odłożonymi wcześniej różyczkami brokułu. Przyprawić solą i pieprzem do smaku. Można podać z grzanką czosnkową z razowego chleba.

WIOSENNA RYBA

4 filety z białej ryby morskiej • 2 cebule • 1 strąk żółtej papryki • 1 średnia cukinia • 15 pomidorków koktajlowych • 1 cytryna • oliwa z oliwek • sól, pieprz
na sos: 4 łyżki białego wina • sok z ½ cytryny • 3 łyżki oliwy z oliwek • sól, pieprz

Filety (dorsz, mintaj, sola) pokroić ukośnie na pół, oprószyć solą i pieprzem. Obraną, drobno posiekaną cebulę zrumienić na oliwie w głębokiej patelni, dodać oczyszczoną z gniazd nasiennych, pokrajaną w paseczki paprykę, dusić 5 minut na wolnym ogniu. Następnie dodać umytą, pokrojoną w kostkę cukinię (wraz ze skórką), posolić i dusić jeszcze przez 5 minut, po czym dodać umyte, przekrojone na połówki pomidory i zestawić z ognia. Z wina, soku cytrynowego, oliwy, soli i pieprzu przyrządzić sos. Z folii aluminiowej wyciąć 4 duże kwadraty. Na każdym kłaść połówkę filetu, na to uduszone warzywa, na wierzch drugą połówkę filetu. Całość polać sosem, zawinąć szczelnie w foliową „kopertę". Koperty ułożyć na blasze i wstawić na 15 minut do gorącego piekarnika o temperaturze 180°C. Po upieczeniu przełożyć z kopert na talerze. Podawać z brązowym ryżem posypanym drobno posiekanym koperkiem, szalotką lub natką pietruszki.

LETNI BARSZCZ UKRAIŃSKI

2 pęczki boćwiny (młodych buraczków) • 1 pęczek młodej marchwi • 1 pęczek zielonej cebulki • 3 pietruszki z natką • 2 pędy selera naciowego • 400 g fasolki szparagowej • 6 młodych ziemniaków • 1 średnia cebula • 2 pomidory • ½ szklanki oliwy z oliwek • sól, pieprz, ocet jabłkowy do smaku • ewentualnie jogurt grecki

Korzenie buraczków, marchwi i pietruszki oraz seler pokroić w cienkie półtalarki. Natki buraczków, pietruszki i ½ pęczka cebulki związać w pęczek (bawełnianą nitką). Ziemniaki pokrajać w kostkę (ok. 1 cm), fasolkę szparagową oczyścić i pociąć na kawałki (ok. 3 cm). Na małej patelni udusić na oliwie (3 łyżki) sparzone, obrane ze skórki, posiekane pomidory. W głębokim rondlu na reszcie oliwy zeszklić drobno posiekaną cebulę. Dodać talarki warzyw oraz ziemniaki i fasolkę szparagową i lekko podsmażyć. Następnie zalać wodą (ok. 2,5 l) i zagotować. Następnie zmniejszyć ogień, dodać uduszone pomidory, wrzucić natki i gotować powoli, aż warzywa będą miękkie. Wtedy zdjąć z ognia, odcisnąć ugotowane natki i usunąć je, a barszcz przyprawić do smaku odrobiną soli, pieprzem oraz octem jabłkowym. Można zabielić jogurtem. Przed podaniem posypać drobno posiekaną zieloną cebulką.

PLACUSZKI Z MINTAJA I BROKUŁU

180 g ziemniaków • 100 g fileta z mintaja • 100 g brokułów • ½ średniej cebuli • 1 jajko + 1 białko • sól, pieprz • słodka sproszkowana papryka
Na sos: 100 g naturalnego serka homogenizowanego • 2 łyżki jogurtu naturalnego • szczypta soli • 2 duże ząbki czosnku • pieprz

Ziemniaki ugotować w lekko osolonej wodzie do miękkości, podobnie jak brokuły. Jedne i drugie ubić na gładkie purée. Rybę ugotować na parze lub podpiec na patelni, aż mięso zacznie się rozpadać. Następnie wyjąć na talerz i sprawdzić, czy nie ma żadnych ości. Do purée dodać rybę, jajko, białko i drobniutko posiekaną cebulę; przyprawić do smaku solą, pieprzem i sproszkowaną papryką. Całość wyrobić na jednolitą masę, uformować w placuszki. Te ułożyć na wyłożonej pergaminem blasze, oprószyć sproszkowaną papryką i piec w temperaturze 180°C przez 20 minut. Po wyjęciu z piekarnika odczekać chwilę, a następnie zsunąć placuszki na talerz i przybrać sosem czosnkowym. Wykonanie sosu: twaróg utrzeć z jogurtem, przyprawić rozgniecionym czosnkiem, solą i pieprzem.

ZUPA Z DYNI

800 g miąższu dyni • 1 duża cebula • ½ szklanki oliwy z oliwek • kawałek korzenia imbiru (ok. 4 cm) • 1 l wywaru z warzyw • szczypiorek • sól, pieprz, mielona gałka muszkatołowa

W głębokim rondlu zrumienić na oliwie drobno posiekaną cebulę. Dodać pokrojony w cienkie talarki imbir, a następnie miąższ dyni pokrojony w grubą kostkę. Całość podsmażyć, po czym zalać wywarem z warzyw i gotować, aż miąższ dyni będzie miękki i rozpadający się. Wtedy zdjąć z ognia, zmiksować i przyprawić do smaku solą, pieprzem i mieloną gałką muszkatołową. Przed podaniem można udekorować łyżeczką jogurtu i drobniutko posiekanym szczypiorkiem.

GULASZ WĘGIERSKI

1 kg wołowiny • ⅓ szklanki oliwy z oliwek • 2 duże cebule • 2 łyżki słodkiej papryki • 1 łyżka kminku • 2 ząbki czosnku • 600 g ziemniaków • 2 strąki słodkiej papryki • 1 duży pomidor • odrobina soli do smaku • ewentualnie ostra papryka lub ostra pasta paprykowa

Mięso (gicz, łopatka, karkówka) pokrajać w kostkę o boku 2 cm. Oliwę rozgrzać w szerokim rondlu, zrumienić drobno posiekaną cebulę, zmniejszyć płomień i do niezbyt rozgrzanego tłuszczu (żeby się nie spaliła, bo będzie gorzka) wsypać mieloną paprykę. Szybko wymieszać, wrzucić mięso i zrumienić ze wszystkich stron. Kiedy sok z mięsa odparuje, wrzucić kminek (może być mielony) i posiekany czosnek, podlać odrobiną wody, przykryć i dusić na wolnym ogniu, uzupełniając odparowany sos. Mięso nie powinno gotować się w wodzie, tylko dusić we własnym sosie. W tym czasie obrane ziemniaki pokrajać w kostkę o boku ok. 1 cm, podobnie jak oczyszczoną z nasion paprykę i obrany ze skórki pomidor. Kiedy mięso będzie prawie miękkie, odparować sos i dodać ziemniaki. Podsmażyć je w niewielkiej jego ilości i kiedy zrobią się szkliste, dolać tyle wody, aby zakryć mięso i ziemniaki na 2 cm. Wtedy również wrzucić pokrojoną paprykę i pomidor. Kiedy mięso i ziemniaki będą miękkie, uzupełnić zupę wodą lub bulionem do żądanej ilości i gęstości. Przyprawić solą i ewentualnie ostrą papryką.

RUSKIE PIEROGI PEŁNOZIARNISTE

350 g razowej mąki orkiszowej • 1 jajko • ⅓ łyżeczki soli • ok. ½ szkalnki letniej wody • 1 łyżka oliwy z oliwek
Na nadzienie: 650 g ziemniaków • 150 g twarogu • 1 cebula • 2 łyżki oliwy z oliwek • szczypta gałki muszkatołowej • sól, pieprz • 4 łyżki oliwy z oliwek lub masła • ½ cebuli

Przygotować nadzienie: ugotowane w osolonej wodzie ziemniaki przepuścić przez praskę, podobnie jak twaróg. Połączyć ze zrumienioną na oliwie, drobno posiekaną cebulą i przyprawami, aby powstała jednolita, gęsta masa. Mąkę z solą przesiać w kopczyk na stolnicę, zrobić wgłębienie, wbić jajko, wlać oliwę i wodę (stopniowo), zagniatając sprężyste ciasto. Kiedy składniki ładnie się połączą, uformować kulę i podzielić na dwie części. Pierwszą porcję rozwałkować na grubość ok. 2–3 mm, wykrawać szklanką krążki (lub nożem kwadraty). Napełniać nadzieniem i starannie zlepiać brzegi. Podobnie postąpić z drugą porcją ciasta. Uformowane pierogi wrzucać do wrzątku i gotować na małym ogniu przez ok. 5 minut (aż wypłyną na wierzch i będą miękkie). Drobno posiekaną cebulę zeszklić na oliwie lub maśle. Pierogi ułożyć na talerzu, polać tłuszczem z cebulą i posypać szczypiorkiem. Podawać z zimnym kefirem.

POLĘDWICA WOŁOWA Z CYTRYNĄ I ROZMARYNEM

½ kg polędwicy wołowej • 1 łyżeczka suszonego rozmarynu • ½ łyżeczki suszonego estragonu • 3 ząbki czosnku • otarta skórka i sok z 1 cytryny • pieprz, odrobina soli

Z czosnku roztartego z pieprzem, rozmarynu i skórki cytrynowej przygotować marynatę. Polędwicę skropić sokiem z cytryny, natrzeć marynatą, owinąć w folię i odstawić na noc. Następnego dnia włożyć mięso do naczynia żaroodpornego, szczelnie zamknąć i wstawić do piekarnika. Piec przez około pół godziny w temperaturze 200°C. Pod koniec pieczenia ostrożnie uchylić pokrywę i lekko posolić mięso. Podawać z fasolką szparagową gotowaną na parze, skropioną masłem czosnkowym.

INDYK W AROMATYCZNYM SOSIE JABŁKOWYM

3 polędwiczki z indyka • lub filet z piersi (ok. 1 kg) • 3 łyżeczki suszonego majeranku • 5 łyżek oliwy z oliwek • 1 duże jabłko winne • 10 suszonych śliwek • odrobina soli i pieprzu

Piekarnik rozgrzać do temperatury 200°C. Umyte, osuszone mięso zamarynować w misce z oliwą (3 łyżki), majerankiem, pieprzem, i odrobiną soli. Do naczynia żaroodpornego wlać pozostałe 2 łyżki oliwy. Na dnie ułożyć obrane, oczyszczone z gniazd nasiennych, pokrojone w plasterki jabłka oraz suszone śliwki bez pestek. Na owocach ułożyć mięso. Naczynie szczelnie przykryć i wstawić do gorącego piekarnika na 90 minut, po czym pozostawić w wyłączonym piekarniku na kolejny kwadrans, aby doszło. Następnie wyjąć na talerz mięso i kilka śliwek; pozostałe w naczyniu składniki zmiksować na gładki sos. Mięso pokroić w plastry i polać sosem. Dobrze smakuje z brązowym ryżem oraz sałatką z cykorii i pomarańczy.

ZUPA FASOLOWA PO GRECKU

500 g białej drobnej fasolki • 4 marchewki • 2 pędy selera naciowego lub kawałek korzenia • 2 cebule • 4 duże pomidory lub 1 puszka pomidorów • ¾ szklanki oliwy z oliwek • szczypta oregano lub bazylii • liść laurowy, pieprz • odrobina soli

Fasolkę namoczyć na noc w zimnej wodzie (którą można parę razy wymienić), następnie osączyć, przepłukać na sicie. Drobno posiekaną cebulę zeszklić na oliwie (4 łyżki) w dużym rondlu, następnie dodać pokrojoną w talarki marchew, posiekany seler, fasolę i zalać składniki wodą. Dodać rozdrobnione pomidory, resztę oliwy oraz przyprawy i gotować na wolnym ogniu, aż wszystkie składniki będą miękkie.

KALAFIOR I BROKUŁ Z ORZECHAMI

½ kalafiora • ½ brokułu • ⅓ szklanki oliwy z oliwek • 1 łyżeczka masła • 100 g orzechów (włoskich, laskowych, nerkowca) • sól do smaku

Kalafior i brokuł namoczyć w osolonej wodzie (żeby uciekły robaczki), następnie podzielić na róże i ugotować na parze na chrupko. Tłuszcz rozgrzać na patelni, zrumienić grubo posiekane orzechy. Na drugiej suchej patelni uprażyć trochę siemienia lnianego i sezamu. Dwukolorowe róże wyłożyć na talerze, polać tłuszczem z orzechami, posypać prażonymi nasionkami.

ZUPA Z SOCZEWICY

1 duża cebula • 1–2 ząbki czosnku • 1 duża marchew • ½ łyżeczki suszonej kolendry (nasiona) • ½ łyżeczki kurkumy (dobrej jakości) • 250 g czerwonej soczewicy • 1 l bulionu mięsnego lub warzywnego • oliwa z oliwek • sól i pieprz • ewentualnie kilka suszonych pomidorów

Posiekaną cebulę i ząbki czosnku zeszklić na 3–4 łyżkach oliwy. Dodać marchew startą na grubej tarce, suszoną kolendrę oraz kurkumę, a na koniec soczewicę. Chwilę smażyć, a następnie zalać bulionem. Gotować około 30 minut, do czasu aż soczewica będzie miękka. Ugotowaną zupę zmiksować (ewentualnie przetrzeć przez sito), przyprawić do smaku solą i pieprzem. W razie potrzeby rozrzedzić wrzątkiem. Można podać z suszonymi pomidorami pokrojonymi w cienkie paski.

KOLOROWA TARTA NA PEŁNOZIARNISTYM SPODZIE

1 szklanka mąki pszennej razowej • 200 ml jogurtu naturalnego • 15 ml oliwy z oliwek • 1 jajko • 1 łyżeczka soli • 1 łyżeczka sody oczyszczonej • 1 łyżka majeranku

Na nadzienie: 2 duże marchewki • 2 średnie cukinie • 1 duża cebula • 250 g twarogu półtłustego • 2 jajka • 100 ml jogurtu • 1 łyżeczka soli • 1 łyżka suszonej bazylii • pieprz

Na stolnicę wysypać kopczyk mąki, w zagłębienie wbić jajko, dodać resztę składników i zagnieść jednolite, elastyczne ciasto, które nie powinno kleić się do dłoni. Następnie rozwałkować je na cieniutki okrągły placek. Ułożyć go w posmarowanej oliwką formie do tarty i podpiec przez 20 minut w temperaturze 180°C. W tym czasie cienkie (2 mm) plasterki marchwi obgotować w niewielkiej ilości wody. Cukinię pokrajać w plastry i oprószyć solą, aby puściła sok. Następnie plasterki marchwi i cukinii przełożyć do dużej miski, dodać drobniutko posiekaną cebulę oraz twaróg utarty uprzednio z jajkami, jogurtem i przyprawami. Całość wymieszać, a następnie rozłożyć równomierną warstwą na podpieczonym spodzie. Tak przygotowaną tartę piec przez 30 minut w temperaturze 180°C. Podawać na ciepło lub na zimno.

PIECZONY PSTRĄG Z MASŁEM CZOSNKOWYM

2 filety z pstrąga (ok. ½ kg) • 2 łyżeczki masła • 2 ząbki czosnku • szczypta mielonego rozmarynu • sól, pieprz

Drobno pokrajany czosnek zeszklić na maśle. Każdy filet położyć na folii aluminiowej, polać masłem czosnkowym, oprószyć przyprawami, zawinąć w folię i piec na blasze w temp. 180° C. Po 40 minutach otworzyć folię i dopiekać rybę jeszcze 20 minut.

ZAPIEKANY BAKŁAŻAN

2 średnie bakłażany • 1 cebula • 2 ząbki czosnku • 2 dojrzałe pomidory • ½ małego pęczka pietruszki • oliwa z oliwek • sól, pieprz

Bakłażany umyć, oczyścić z szypułek, naciąć wzdłuż i zrumienić na oliwie. Obraną, pokrojoną w plasterki cebulę zalać wodą (½ szklanki) i gotować na wolnym ogniu, aż woda odparuje. Pomidory sparzyć, obrać ze skórki i pokroić w kostkę, czosnek – w plasterki. Do uduszonej cebuli dodać pomidory, czosnek, przyprawić odrobinką soli, pieprzem i ostrą papryką, wymieszać. Bakłażany napełnić nadzieniem, ułożyć na blasze, posypać posiekaną natką pietruszki, pokropić oliwą i wstawić do piekarnika o temperaturze 180°C na około godzinę.

TOFU W PAPRYCE I POMIDORACH

1 mała kostka tofu • 2 papryki żółte • 2 papryki czerwone • 2–3 pomidory • 1 duża cebula • oliwa z oliwek • sos sojowy • majeranek • pieprz ziołowy • curry • odrobina soli i pieprzu • kilka kaparów • listki bazylii do dekoracji

Tofu pokroić w kostkę, wymieszać z sosem sojowym i odstawić na parę godzin. Paprykę pokroić w dużą kostkę, pomidory w ćwiartki, cebulę w piórka. Osączone z sosu tofu zrumienić na oliwie (2 łyżki), a następnie wyjąć na papierowy ręcznik. Na tej samej patelni udusić cebulę z dodatkiem curry, po czym dodać paprykę i odrobinę wody, przykryć i dusić na półmiękko. Następnie dodać obrane ze skórki, rozdrobnione pomidory i tofu. Całość przykryć i dusić do miękkości i odparowania nadmiaru płynu. Na końcu przyprawić do smaku podanymi przyprawami. Podawać na ciepło z brązowym ryżem lub kaszą jaglaną na sypko. Przybrać bazylią i kaparami.

MŁODY BÓB W SOSIE POMIDOROWYM

3 szklanki surowego młodego bobu • kilka gałązek świeżego majeranku • 1 pęczek szczypiorku • 1 strąk czerwonej papryki
Na sos: 1 strączek chili bez pestek • 250 g pomidorów koktajlowych (6 odłożyć do przybrania) • 150 g suszonych pomidorów w oleju • 2 ząbki czosnku • ½ łyżeczki pieprzu cayenne • 2 łyżeczki kminku w proszku

Z podanych składników przyrządzić sos przy pomocy blendera (można dodać trochę wody w miarę potrzeby). Strąk papryki pokroić w paseczki, odłożone pomidorki koktajlowe na połówki, szczypiorek posiekać. Opłukany, osączony bób włożyć do miski, dodać pokrojone warzywa, polać sosem i wymieszać. Wierzch udekorować świeżym majerankiem. Podawać z grzanką lub pełnoziarnistym waflem.

DYNIA Z KASZĄ JAGLANĄ I SZPINAKIEM

1 mała dynia (20–25 cm średnicy) • ¾ szklanki kaszy jaglanej • 500 g szpinaku • 1 mała cebula • ½ strąka marynowanej papryki • 2 ząbki czosnku • 1 jajko • 65 g sera mozzarella • 1 łyżeczka suszonej bazylii • odrobina soli i pieprz

Kaszę jaglaną ugotować w lekko osolonej wodzie (1½ szklanki) na wolnym ogniu. Dynię przekroić poziomo na połówki. Obie części wydrążyć, zostawiając ścianki grubości 1,5 cm. Wydrążone połówki włożyć do wrzącej wody na 7 minut, a następnie wyjąć i osuszyć. W tym czasie oczyszczony szpinak ugotować na parze, drobno posiekać. Obraną, drobno pokrojoną cebulę zeszklić na oliwie (2 łyżki) razem z posiekanym czosnkiem, dodać szpinak, przyprawy i dusić przez kilka minut. Masę szpinakową połączyć z kaszą jaglaną, dodać paprykę pokrajaną w kostkę, jajko, dokładnie wymieszać. Gotowym farszem wypełnić połówki dyni, posypać po wierzchu startą mozzarellą. Dynię ustawić w brytfannie (bez przykrycia) i piec przez 30 minut w temperaturze 180°C. Podawać na ciepło.

ŁÓDECZKI Z CUKINII Z AROMATYCZNĄ KOMOSĄ

1 szklanka komosy ryżowej (quinoa) • 2 szklanki bulionu warzywnego • 1 szklanka twarożku naturalnego • ⅓ szklanki orzeszków piniowych • 4 cukinie • 4 ząbki czosnku • 2 szalotki • oliwa z oliwek • świeże liście szałwii • świeży rozmaryn • świeży tymianek • odrobina soli i pieprz • starty oscypek do posypania

Wypłukaną, osączoną na sicie komosę podprażyć przez 5 minut na rozgrzanej patelni. Następnie wrzucić ją do garnka z bulionem, przykryć i gotować przez 20 minut na wolnym ogniu. W tym czasie na patelni podprażyć orzeszki piniowe (cały czas mieszając, aby się nie przypaliły). Poprzekrawane na połówki cukinie wydrążyć tak, aby powstały łódeczki i podpiec w piekarniku przez 20 minut. Na oliwie rozgrzanej na patelni zeszklić szalotkę i czosnek, dodać posiekany miąższ cukinii i zioła. Udusić na półmiękko. Ugotowaną komosę wyłożyć do miski, dodać twarożek, miąższ cukinii i orzeszki piniowe, wymieszać, delikatnie przyprawić do smaku. Gotowym nadzieniem wypełniać łódeczki z cukinii. Całość zapiec w piekarniku przez parę minut. Przed podaniem oprószyć startym oscypkiem.

DORSZ POD KOŁDERKĄ

2 duże filety z dorsza białego • 1 cukinia • 2 żółte papryki • kawałek pora (biała i zielona część) • 6–8 pomidorków koktajlowych • 8 łyżek oliwy z oliwek • 8 łyżek białego półwytrawnego wina • sok z ½ cytryny • sól, pieprz

Filety rozmrozić. Przyrządzić „kołderkę": cukinię i paprykę pokroić w małą kostkę, por w piórka, pomidorki na połówki. Na patelnię wlać 4 łyżki oliwy, wrzucić najpierw cukinię, dusić 3 minuty, następnie dodać paprykę i por, dusić kolejne 3 minuty, w końcu dodać pomidorki. Zdjąć z ognia. Resztę oliwy połączyć z winem i cytryną. Filety ułożyć na dnie posmarowanego oliwą naczynia żaroodpornego lub glinianego, polać sosem winnym. Na wierzchu ułożyć duszone warzywa. Przykryć i wstawić na 20 minut do gorącego piekarnika o temperaturze 200°C. Podawać z grzankami pełnoziarnistymi.

FASZEROWANE POMIDORY

4 duże mięsiste pomidory • ½ małej cukinii • 1 mała cebula • 1 ząbek czosnku • 3 łyżki drobno posiekanej natki pietruszki • ¾ szklanki brązowego ryżu • ⅓ szklanki oliwy • ewentualnie 1 łyżeczka mięty • 1 łyżka orzeszków piniowych

Pomidory umyć, osuszyć. Ostrym nożem pościnać im wierzchy, a następnie łyżeczką wydrążyć miąższ, aby pozostały tylko grube ścianki. Miąższ zmiksować. Drobno posiekaną cebulę i rozgnieciony czosnek udusić na połowie oliwy, dodać startą na grubej tarce cukinię, ryż. Całość smażyć przez chwilę, często mieszając. Następnie wlać ⅔ zmiksowanego miąższu pomidora, szczyptę soli, pieprzu i dusić przez 5 minut na wolnym ogniu, po czym odstawić, dodać posiekaną natkę pietruszki i miętę oraz orzeszki piniowe, wymieszać. Gotowym farszem napełnić pomidory, przykryć ściętymi wierzchami i ułożyć w naczyniu żaroodpornym. Polać pozostałym sokiem z miąższu pomidorów i oliwą. Przykryć i zapiekać przez ok. 1 godzinę w temperaturze 180°C. W podobny sposób można przygotować papryki faszerowane.

PAPRYKA ZAPIEKANA Z BRYNDZĄ

5 strąków podłużnej zielonej papryki • 150 g bryndzy • 4 łyżki oliwy z oliwek • 1 łyżeczka pieprzu

Ściąć wierzchy papryk i usunąć gniazda nasienne. Ser utrzeć z oliwą (2 łyżki) i pieprzem. Wypełnić strąki nadzieniem i przykryć odciętymi wierzchami. Posmarować paprykę pozostałą oliwą i ułożyć na brytfannie wyłożonej pergaminem. Piec w gorącym piekarniku obracając na wszystkie strony przez ok. 15 minut – aż skórka równomiernie się zrumieni. Wyśmienite z razową grzanką czosnkową.

SAŁATKA ŚLEDZIOWA

2 filety śledziowe typu matias (bez skóry) • 2 jajka na półmiękko • 2 łyżeczki posiekanej natki pietruszki • lub szczypiorku • pieprz
Na sos: 4 łyżki jogurtu greckiego • ½ winnego jabłka (reneta) • 1 mały ogórek kiszony lub konserwowy

Przyrządzić sos: jogurt wymieszać ze startym na drobnej tarce jabłkiem i ogórkiem, przyprawić pieprzem. Filety pokrajać na poprzeczne paski o szerokości 3 cm, ułożyć na talerzu razem z jajkami pokrajanymi w ćwiartki. Polać sosem, posypać natką. Podawać z kromką świeżego żytniego razowca.

KOTLECIKI Z KASZY GRYCZANEJ

½ szklanki kaszy gryczanej • 4 średnie marchewki • 4 pędy selera naciowego • 1 cebula • ½ l bulionu warzywnego • 2 jaja • 1 łyżka mąki pszennej lub kukurydzianej • 1 łyżka masła • sól, pieprz • olej do smażenia

Marchew zetrzeć na grubej tarce, seler i cebulę pokrajać w piórka. Wszystkie składniki podsmażyć na maśle. Dodać wypłukaną, osączoną kaszę, wymieszać. Całość zalać bulionem i dusić przez 20 minut. Następnie zdjąć z ognia, pozostawić do przestygnięcia, po czym wbić jaja, wsypać mąkę, przyprawić solą, pieprzem i dokładnie wymieszać. Masę nabierać dużą łyżką i formować w niewielkie placuszki. Smażyć je na gorącym tłuszczu na złoty kolor. Podawać z sosem jogurtowo-czosnkowym lub grzybowym.

ZIELONY ELIKSIR ZDROWIA

1 szklanka źródlanej wody • garść młodych liści szpinaku • garść kiełków (np. lucerny, brokułu) • 2–3 liście sałaty • 1 ogórek • 2 gałązki kopru włoskiego • lub łyżeczka zmielonych nasion • kilka gałązek natki pietruszki • 2–3 pędy selera naciowego • 1 łyżka zmielonego siemienia lnianego • 1 łyżeczka zmielonych pestek dyni • kawałeczek imbiru • sól, pieprz do smaku • ewentualnie 1 zmiażdżony ząbek czosnku

Wszystkie składniki zmiksować w blenderze. Wypić natychmiast po przyrządzeniu..

LETNI KRYSZTAŁ

sok z 1 pomarańczy • 1 cytryna (ekologiczna) • 1 limonka • garść kostek lodu • ewentualnie parę kropli wyciągu ze stewii, parę listków świeżej mięty lub melisy do przybrania

Do szklanego dzbana wsypać kostki lodu wymieszane z cytryną pokrojoną w plastry i limonką w cząstki wraz ze skórką. Wlać sok z pomarańczy. Całość zalać 1 l przefiltrowanej wody. Posłodzić stewią. Ozdobić melisą lub miętą.

ROZGRZEWAJĄCY SOK Z MARCHWI

4–6 marchewek • kawałek imbiru wielkości kciuka • ewentualnie szczypta cynamonu

Marchewki i imbir obrać ze skórki, przepuścić przez sokowirówkę lub wyciskarkę. Do wysokiej szklanki wlać ok. 50 ml wody, dopełnić sokiem, wymieszać. Można oprószyć po wierzchu cynamonem.

KOKTAJL Z OWOCÓW LEŚNYCH

1 szklanka jagód • ½ szklanki jeżyn (lub malin) • 200 ml jogurtu naturalnego • parę listków stewii lub mięty

Jogurt wlać do kielicha blendera, dodać jagody i zmiksować na piankę. Przelać do pucharków, udekorować listkami ziół.

PYSZNY KWAS BURACZANY

1 kg buraków • 8 ząbków czosnku • 1 łyżka soli • 1 kromka chleba razowego

Przyrządzić zakwas: obrane, pokrojone w kawałki buraki zalać osoloną wodą (2 l) w dużym szklanym słoju, dodać czosnek i kromkę chleba, odstawić w ciepłe miejsce. Następnego dnia usunąć chleb. Po 2-4 dniach zakwas nabierze głębokiego koloru czerwonego wina, stanie się aksamitny i przyjemnie kwaskowy w smaku. Do wysokiej szklanki wlać ok. ⅓ wody i dopełnić sokiem buraczanym. Można dodać łyżeczkę miodu lub szczyptę drobno posiekanego szczypiorku do smaku. Wodę można zastąpić kostkami lodu.

MLEKO ORZECHOWE Z CYNAMONEM

1 szklanka niesolonych orzechów nerkowca • ½ szklanki płatków owsianych • 1 ½ łyżeczki cynamonu • ewentualnie odrobinę stewii do posłodzenia

Orzechy namoczyć na noc w podwójnej ilości wody, a następnie przepłukać na sicie. Płatki owsiane zemleć w młynku. Orzechy i płatki wsypać do blendera razem z cynamonem, wlać wodę (3 szklanki) i dokładnie zmiksować. W razie potrzeby dosłodzić stewią. Następnie przecedzić przez gęste sito (raz lub kilka razy, w zależności od wymaganej konsystencji). W zamkniętym pojemniku można przechowywać w lodówce przez 3-4 dni. Przed spożyciem wstrząsnąć.

Autorzy: **Joanna Kapusta, Piotr Kapusta**
Opracowanie przepisów kulinarnych:
profesjonalny doradca d/s dietetyki **Wiesława Rusin**
Konsultacja przepisów kulinarnych: dietetyk kliniczny **Anna Brończyk-Puzoń**
Opracowanie graficzne i skład: **Mariusz Dyduch**
Korekta i redakcja: **Zespół wydawnictwa Damidos**
Projekt i wykonanie okładki: **Maciej Pieda**
Redaktor prowadzący: **Anna Willman**

Zdjęcia:
Shutterstock.com: ploedfisch (110), AGfoto (104), Jacek Chabraszewski (98), marco mayer (102, 105, 106), Valentyn Volkov (101), bernjuer (100), Natalia Mylova (97), Lipskiy (96), B.and E. Dudzinscy (95), jabiru (94), Photographee.eu (19, 23, 32), R Kristoffersen (85), Zoeytoja (81), svry (109), Vgstockstudio (68), Luiscar74 (83), Stacy Barnett (86), Image Point Fr (53, 59, 70, 73), Ildi Papp (107), ratmaner (3), Monkey Business Images (82), BONNINSTUDIO (76), Olaf Naami (91), Luna Photogood (78), Dmitry Lobanov (74), Ms. Abidika (60), Lisa S (92), wavebreakmedia (8, 26, 57), Inga Nielsen (108),Inga Nielsen (66), LeventeGyori (65), Gyorgy Barna (37), Tyler Olson (58), PathDoc (54), TunedIn by Westend61 (46), Maria Komar (103), Green Apple (6), Umpaporn (16), JPC-PROD (20, 22), Hdc Photo (49), YanLev (35), bikeriderlondon (63), Oleksandra Naumenko (34), lola1960 (12), wiktord (30), Lilyana Vynogradova (111), Lightspring (24), MihaPater (45), SpeedKingz (62), Sergey Lavrentev (64), AVAVA (67), Alexander Raths (50); **Wikimedia Commons**: 11, Resolute (40)
Zdjęcia na okładce: **Shutterstock.com**: Dmitry Lobanov, bikeriderlondon, MorganStudio, sahua d, Sherry Yates Young, Dmitry Lobanov

Wydanie I

Bielsko-Biała, 2016

Wydawnictwo Dragon
ul. Barlickiego 7
43-300 Bielsko-Biała

www.**wydawnictwo-dragon**.pl

ISBN: 978-83-7887-201-6

Wyłączny dystrybutor:
TROY-DYSTRYBUCJA sp. z o.o.
al. Solidarności 115/2
00-140 Warszawa
tel. /faks 22 725 7812

e-mail: troy@troy.net.pl
Zapraszamy na zakupy na: www.troy.net.pl
Znajdź nas na:
www.facebook.com/TROY.DYSTRYBUCJA